本书系全国教育科学"十四五"规划2023年度国家青年项目
"社会技术理论视域下老年数字能力形成机制及教育支持路径研究"
（课题批准号：CKA230333）的阶段性研究成果

◎现代教育治理丛书

老龄时代的教育治理

老年教育资源如何有效供给?

刘雅婷 —— 著

Education Governance in the Aging Society

How to Realize the Effective Supply of Educational Resources for Older Adults?

浙江大学出版社

·杭州·

图书在版编目（CIP）数据

老龄时代的教育治理：老年教育资源如何有效供给？／刘雅婷著．— 杭州：浙江大学出版社，2023.8
ISBN 978-7-308-24069-7

Ⅰ.①老… Ⅱ.①刘… Ⅲ.①老年教育—研究—中国 Ⅳ.①G777

中国国家版本馆CIP数据核字(2023)第144021号

老龄时代的教育治理：老年教育资源如何有效供给？

刘雅婷　著

策划编辑	吴伟伟
责任编辑	宁　檬
责任校对	陈逸行
封面设计	雷建军
出版发行	浙江大学出版社
	（杭州市天目山路148号　邮政编码310007）
	（网址：http://www.zjupress.com）
排　　版	杭州林智广告有限公司
印　　刷	杭州高腾印务有限公司
开　　本	710mm×1000mm　1/16
印　　张	12.5
字　　数	166千
版 印 次	2023年8月第1版　2023年8月第1次印刷
书　　号	ISBN 978-7-308-24069-7
定　　价	68.00元

版权所有　侵权必究　　印装差错　负责调换

浙江大学出版社市场运营中心联系方式：0571-88925591；http://zjdxcbs.tmall.com

序
PREFACE

人口老龄化作为21世纪人类文明飞速发展所带来的社会问题，已经成为国家治理行动关注的热点话题。2021年，《中华人民共和国国民经济和社会发展第十四个五年规划和2035年远景目标纲要》已将"实施积极应对人口老龄化国家战略"作为"十四五"时期的关键举措，充分体现了党和国家对人口老龄化问题的密切关注。老年人口基数大、需求多样化等是我国人口老龄化的典型特征，如何能够因地制宜、因人而异地为老年人提供他们所需要的教育资源，也成为老年教育治理行动中需要关注的问题。

作者刘雅婷博士的这一书稿源自她在华东师范大学就读期间的博士论文，也缘起于她对社会热点问题的思考与观察。该书从"新时期老年教育资源如何有效供给"这一现实问题出发，引入经济学、地理学等跨学科的分析方法，从供给充足性、空间均衡性、供需耦合性三个维度分析了老年教育资源有效供给问题，并在S市以各区为单位开展了大范围的分层随机抽样，整体研究脉络清晰、证据翔实。该书充分关注到了地理空间背后的经济、人口属性，考虑到老年人出行的时间成本与身体成本，引入了ArcGIS分析方法，应用居民点到老年教育机构之间的最短距离与老年人口密度的加权方式，测算老年教育机构的空间可达性，为各地市老年教育机构的有效选址提供了新的思路。

未来，面临人口老龄化与少子化并存的社会现实，我国应当如何以可持续发展理念，提供能够适应老年群体需求与社会发展要求的老年教育资源，是值得深入思考的问题。该书提出的能够实现发展性、动态性监测的老年教育资源有效供给指数可供相关老年教育理论研究者与实践推进者参照，也期望这一研究可以持续转化为推进各地市老年教育资源有效供给的决策参考依据，为实现老年教育科学、有序的治理贡献一份智慧的力量。

黄　健

华东师范大学教育学部教授、博士生导师

前　言
INTRODUCTION

　　随着我国人口老龄化程度的不断深化，发展老年教育已经成为我国应对"银发海啸"挑战的战略举措和重要实践。公共教育资源在老年群体上的投入远低于青少年与在职人员，尽管部分地区开始采用限制重复修读课程与报名科目数量的方式，解决老年教育资源被少数群体循环占用的问题，但仍难以适应快速增长的老年人口规模，"一座难求"现象依然突出。如何有效、合理地供给老年教育资源，适应快速变动的人口结构、满足老年群体学习需求，成为应对人口老龄化的社会政策中的核心议题。

　　资源有效供给问题起源于经济学，如果直接迁移到教育学领域，传统的帕累托最优效应无法动态判断教育资源供给的长效、可持续发展问题。如何依据老年教育资源供给的特征，合理判断有效供给水平成为本书的核心问题，解析这一问题需要探究其背后的理论逻辑、实践逻辑及根本驱动力等子问题。因此，笔者着眼于老年教育资源有效供给的现实困境，以对老年教育资源有效供给目的论与价值观的审视为逻辑起点，以有效供给的理论模型为依托，以实证研究为主要方法，基于"利用即有效"的程度性判断标准进行探究，沿着"内涵解读—实证分析—路径剖析"的逻辑主线，展开了三个篇章的研究内容。

　　上篇"老年教育有效供给内涵解读"从理论层面探讨了老年教育资源

有效供给的目的、性质与基本特征，以及从实践层面分析了典型案例国家老年教育资源有效供给的形态、结构及驱动因素，总结出老年教育资源有效供给问题应当关注人口变动背景下的充足性问题、空间差异背景下的均衡性问题及需求分化背景下的需求满足性问题。

中篇"老年教育资源有效供给实证分析"基于可持续发展理论、空间分析哲学及系统论，提出了老年教育资源有效供给的概念表征框架，从资源供给充足性、空间均衡性及供需耦合性三个维度进行概念解构，提出了包含15个二级指标、34个三级指标的测评指标与老年教育资源有效供给指数。本书选择老年人口数量、密度均较高的S市为案例地区进行分析，研究发现，尽管投入了大量的人力、物力、财力，老年教育的资源供给依然难以满足日益多元化的老年学习需求。应用多元回归分析对老年教育资源有效供给的影响因素进行解析发现，在外部环境方面，人均GDP、人均GDP增长率、老年人口密度、政府投入及市场投入水平的提升均会促进老年教育资源有效供给水平的提升，人口老龄化率提升对老年教育资源有效供给存在显著的负向影响效应。在内部主体方面，单纯的政府投入会降低供需耦合性，而单纯的市场投入会降低供给充足性，政府和市场的协同投入对老年教育资源有效供给有显著的正向回归效应。

下篇"老年教育有效供给路径剖析"基于老年教育参与规模预测分析发现，未来老年教育资源仍有较大的需求缺口，需要基于老年人口规模动态调整资源供给总量，依据老年人口的空间分布特征促进资源供给弱势地区的市场参与，并结合老年人口的年龄结构特征科学地设计供给内容以更好地适应老年人口的学习需求。在供给模式层面，建议推动当前老年教育资源有效供给中的准多元供给向协同供给转变，平衡不同利益相关者的利益诉求，不断完善老年教育资源有效供给制度的保障体系，以更好实现老年教育资源的有效供给。

综上，本书在传统有效供给研究框架的基础上增加了发展性的判断依据与立体化的空间分析视角,回应了老年教育的根本目的与可持续发展目标对"公平的优质教育"理念的倡议,拓展了老年教育资源有效供给概念的内涵;通过有效供给指数的建构为实证分析提供了测评依据;通过发掘影响资源供给状态的根本驱动力,找寻实现有效供给的基本路径,为相关理论研究与实践开展提供了参照依据。

目 录
CONTENTS

导　论 ··· 1
　　一、为什么要关注老年教育资源的有效供给 ····························· 3
　　二、本书的研究问题、分析框架及研究内容 ····························· 9
　　三、本书的研究设计及方法 ·· 13

|上篇| 老年教育资源有效供给内涵解读

第一章　老年教育资源有效供给的价值导向 ·························· 23
　　一、老年教育理论研究流派的分化 ·· 23
　　二、老年教育批判哲学的基本原则 ·· 29
　　三、老年教育资源供给目的论反思 ·· 31
　　四、老年教育资源有效供给的价值导向的具体内容 ·················· 35

第二章　老年教育资源有效供给的历史实践特征 ··················· 38
　　一、案例国家选择 ·· 38
　　二、案例国家老年教育发展的历史变迁 ··································· 40
　　三、老年教育资源有效供给的主要形式 ··································· 47
　　四、老年教育发展规模变化的条件 ·· 50
　　五、老年教育资源有效供给的系统特征 ··································· 56

第三章 老年教育资源有效供给的内涵阐释 59
一、概念的提出 59
二、老年教育资源有效供给的核心概念阐释 64
三、老年教育资源有效供给的概念表征框架 67
四、老年教育资源有效供给的测量框架 72

| 中篇 | 老年教育资源有效供给实证分析

第四章 老年教育资源有效供给指数建构 87
一、数据获取与分析方法 87
二、老年教育资源供给充足性指数 93
三、老年教育资源空间均衡性指数 99
四、老年教育资源供需耦合性指数 101
五、老年教育资源供给有效性指数 104

第五章 老年教育资源有效供给水平测量 109
一、老年教育资源供给充足性 109
二、老年教育资源空间均衡性 116
三、老年教育资源供需耦合性 123
四、老年教育资源供给有效性 131

第六章 老年教育资源有效供给的影响因素 137
一、老年教育资源有效供给的影响因素剖析 137
二、老年教育资源有效供给的影响因素验证 143
三、老年教育资源有效供给影响因素的内在关系 152
四、老年教育资源有效供给影响因素模型生成 157

| 下篇 | 老年教育资源有效供给路径剖析

第七章　老年教育资源有效供给的未来出路 ························· 164
　　一、老年人口规模及老年教育参与规模预测 ····················· 164
　　二、适应人口发展规律的资源供给结构 ························· 168
　　三、促进效益最大化的资源供给模式 ··························· 172

第八章　反思与展望 ··· 178
　　一、主要研究结论 ··· 178
　　二、研究的创新与不足 ··· 184
　　三、未来研究展望 ··· 187

导 论

> 人口老龄化继续发展下去所产生的冲击将不亚于全球化、城市化、工业化等人类历史上任何一次伟大的经济与社会革命。[①]
>
> ——皮弗尔（Pifer）

自20世纪60年代以来，二战后出生的一代人逐渐步入老年期，世界范围内老年人口开始快速增长，西方称之为"婴儿潮"（baby boomer），越来越多的老年人涌向医疗保健系统，[②] 人口老龄化成为现代社会发展的必经之路。皮尤研究中心提出"银发海啸"（sliver tsunami）一词，警示人们老龄化问题的严重性及与之相伴随的社会挑战。为应对人口老龄化的时代挑战，1982年7月，联合国大会（United Nations General Assembly）讨论通过了第37/51号决议《老龄问题维也纳国际行动计划》，提出老年教育是一项基本人权，各国及地方政府需要通过适当拨款、制定合理的教育方案，以社区为基础，合理开发博物馆、电影院、图书馆等公共文化资源，保障老年人的受教育权。此后，联合国大会每年都将人口老龄化作为重要议题，探讨老年群体的权益问题与老龄化的应对策略，并在1990年通过45/106号决议，将每年的10月1日定为国际老年人日，倡导对老年群体的社会交往问题与健康问题的关注，通过政府、场馆与社区的协作合理供给老年教育资源。1999年，英国国家成人继续教育研究所（National Institute

---

[①] Pifer A, Bronte D L. Introduction: Squaring the pyramid[J]. Daedalus, 1986, 115（1）: 1-11.
[②] Summer A M. The silver tsunami: One educational strategy for preparing to meet America's next great wave of underserved[J]. Journal of Health Care for the Poor and Underserved, 2007, 18（3）: 503-509.

of Adult Continuing Education，NIACE）提出，教育与学习是老年人获得全面、健康发展的关键工具，是促进社会参与和使成年人在他们年老时享受积极生活的重要因素。老年教育资源的供给需要兼顾老年群体的诉求，帮助老年群体通过教育参与完成自我价值的实现。① 合理运用教育资源，发挥公私部门协同合作的优势，支持所有有助于社会和个人成长的知识传播，以正式、非正式的方式发展老年群体的能力和培养他们的价值观，将有助于搭建以保障和满足老年群体学习权益与学习需求为主的地域性学习共同体。2019 年，联合国教科文组织终身学习研究所（UNESCO Institute for Lifelong Learning，UIL）发布了《成人学习和教育全球报告（四）》，将教育的参与、公平与包容作为核心主题，② 强调了教育资源对老年群体这一弱势群体的关注，倡导提升老年教育的参与率。我国国务院办公厅印发的《老年教育发展规划（2016—2020 年）》（国办发〔2016〕74 号）和国务院印发的《"十三五"国家老龄事业发展和养老体系建设规划》（国发〔2017〕13 号）也都对 2020 年老年教育的参与率做出了规定，老年教育的参与率要达到 20% 以上，但在 "十二五" 期间，我国老年教育参与率仅为 3.5%。2019 年 4 月，国务院办公厅印发的《关于推进养老服务发展的意见》（国办发〔2019〕5 号）进一步提出要大力发展老年教育，倡导多元主体参与老年教育资源供给，推进老年教育课程、师资等类型资源共享。2022 年，国务院印发的《"十四五"国家老龄事业发展和养老服务体系规划》提出支持各类有条件的学校举办老年大学（学校）、参与老年教育。新时期，办好老年教育、满足老年群体的学习需求成为老龄时代教育治理的重要使命。

---

① Carlton S, Soulsby J. Learning to Grow Older & Bolder: A Policy Paper on Learning in Later Life[M]. Leicester: National Institute of Adult Continuing Education，1999.
② UNESCO Institute for Lifelong Learning. 4th Global Report on Adult Learning and Education[R]. Hamburg: UIL，2009.

一、为什么要关注老年教育资源的有效供给

（一）快速、深度老龄化时代："银发海啸"的到来

人口老龄化一般被定义为老年人（60岁或65岁及以上人口）在总人口中的比例不断提高的过程，[①] 其中，常用于衡量发展中国家的人口老龄化程度的是60岁及以上人口占总人口的比例，发达国家则为65岁。在不同社会发展状态中，老年人口占比与年均增速不同，这分为不同的发展阶段，如表0-1所示。

表0-1 人口老龄化程度与速度分级

阶段	人口老龄化率	速度	增长率	等级
未老龄化社会（non-aging society）	$x \leq 7\%$	超慢速	$v_x \leq 1\%$	1
轻度老龄化社会（aging society）	$7\% < x \leq 10\%$	中慢速	$1\% < v_x \leq 3\%$	2
深度老龄化社会（advanced aging society）	$10\% < x \leq 14\%$	中快速	$3\% < v_x \leq 4\%$	3
老龄化社会（aged society）	$14\% < x \leq 20\%$	快速	$4\% < v_x \leq 5\%$	4
超老龄化社会（hyper-aged society）	$x > 20\%$	超快速	$v_x > 5\%$	5

数据来源：胡晓宇，张从青.中国深度老龄化社会成因及应对策略[J].学术交流，2018(12):110-115.

根据世界银行的统计数据，早在1960年，法国65岁及以上的老年人占比已经达到11.59%，英国为11.76%，美国为9.08%，发达国家开始逐渐步入老龄化社会。为与世界范围内其他国家进行对比分析，本书以65岁为年龄起点衡量我国人口老龄化水平。依据《中国统计年鉴2021》统计数据，我国65岁及以上老年人口占比在2000年达到了7.0%，我国进入轻度老龄化社会；2020年，我国65岁及以上老年人口占比已经达到13.5%，

[①] 邬沧萍，姜向群.老年学概论[M].北京：中国人民大学出版社，2006.

增长率为7.1%，我国进入超快速深度老龄化社会。

根据联合国发布的《世界人口展望2022》中的人口老龄化率数据，我国人口老龄化率在2050年将达到30.1%，高于世界平均水平，2100年将达到40.9%，我国进入超老龄化社会。伴随着我国第二代、第三代生育高峰期人口开始逐步进入退休年龄，且第四波生育高峰迟迟没有到来，我国人口老龄化将一直维持在相对较高的水平。人口结构变化带来的是赡养比的不断提高，家庭与社会的养老、医疗负担持续加重；劳动人口规模逐渐缩减，新生代人口红利逐渐减少，社会政治、经济、文化发展都会受到老龄化现象的持续挑战。

（二）新型混合生命周期：老化观念的时代更替

老化（aging）被定义为一个过程，伴随着年龄的增长，人类的生理、心理和社会功能都会随之发生变化，老化的过程影响着每一个个体，直至生命的结束，教育和学习被认为是在老化过程中促进人们提升健康水平、享受更积极的生活的重要因素。1986年，埃里克·埃里克森（Erik Erikson）提出的人格发展八阶段论基于全生命周期概念将人类从出生到死亡的发展过程划分为八个阶段，每个阶段都是一个不断学习与发展的过程。他将65岁及以上界定为老年期或成熟期，因为退休、疾病、趋近死亡等问题，老年人在此时期会面临自我调整与绝望的冲突，若能够接受自我、接受社会角色的转化与理性地面对死亡，其就会形成健全的人格，达到一种超脱的智慧状态，即自我调整，反之则会产生心理危机，怀着绝望走向死亡。通过将老年人纳入人格发展的最后阶段，埃里克森明确了一个观点：人类人格发展的过程不会止于一个无形的边界，即退休，相反在此阶段，个体会形成最终的人格状态，如果能够合理地应对老年期的冲突，则将会对毕生的发展感到满足。[①] 因此，老化不再是一种衰退，而是个体进化的顶峰。

---

① Erikson E H, Erikson J M, Kivnick H Q. Vital Involvement in Old Age[M]. London: WW Norton & Company，1994.

1981年，克罗斯（Cross）提出，当前世界范围内正经历前所未有的人口革命，老年人的健康水平与活力得到显著提高，与工作、学习、休闲、个体自我实现相伴而生的新型混合生命周期将替代传统的生命周期概念，挑战传统老化观念。[1] 随着人均预期寿命的不断延长，老年阶段甚至可以成为"第二个中年阶段"，老年人可以从全职工作过渡到兼职工作、志愿者工作直至彻底退休。这就意味着，教育不再是年轻人的专属，是伴随人类一生发展的重要支撑。1991年，彼得·拉斯莱特（Peter Laslett）在其著作《人生的新地图：第三年龄的涌现》（*A Fresh Map of Life: The Emergence of the Third Age*）中，进一步将这种变化描述为"第三年龄"涌现现象，提出在20世纪上半叶之前，受限于世界范围内经济发展水平，成年人的精力多集中于第二年龄的发展，工作、家庭占据了成人绝大多数的时间，老年仅仅意味着死亡与依赖。[2] 20世纪50年代，伴随着人类预期寿命延长、西方国家经济迅速发展、全球范围内的人口激增及强制性退休政策的提出，各国新一代的老年人变得更为健康和富有，对休闲娱乐与教育消费的需求开始日趋凸显。传统功能主义视角下的老化观及老年阶段生命周期的概念不断遭到挑战，老年阶段不再被看作身心功能退化的衰亡期。在新型老化观下，老年人依然拥有巨大的学习力与生产力。

（三）"一座难求"的老年教育：教育投资的新领域

教育和学习有助于提升老年群体的认知功能与技能水平，[3] 可以帮助存在智力与认知障碍的老年人减缓智力衰减速度，[4] 有助于改善个人的社会关

---

[1] Cross K P. Adults as learners: Increasing participation and facilitating learning[J]. Journal of Higher Education, 1981, 54 (5): 587.
[2] Laslett P. A Fresh Map of Life: The Emergence of the Third Age[M]. Harvard: Harvard University Press, 1991.
[3] Ardelt M. Intellectual versus wisdom-related knowledge: The case for a different kind of learning in the later years of life[J]. Educational Gerontology, 2000, 26 (8): 771-789.
[4] Cavanaugh J C, Blanchard-Fields F. Adult Development and Aging: Wadsworth[M]. Stamford: Cengage Learning, 2006.

系，使老年人通过参与学习改善社会网络。此外，研究者还提出老年教育有助于赋权、提升自尊、发展积极的人生观，提升老年群体的生命质量。[1]世界卫生组织（World Health Organization，WHO）在《世界卫生状况第六次报告》中提出，教育和终身学习的机会将减少与老年慢性病有关的问题，有助于人们在年老时保持健康和安全。[2] 2003 年，WHO 发布的《积极老龄化政策框架》提出教育和学习是提升老年人健康水平、强化社会参与及提升生命质量的重要因素，[3]强调在工作场所提供退休前教育和在社区提供老年教育的重要性，倡导通过教育促进老年群体的健康、强化社会参与与社会保障。NIACE 提出，作为 20 世纪 60 年代推动消费文化扩张的先驱，婴儿潮一代拥有更高的学历、更坚实的经济基础及更高的社会地位，将会在步入老年后，继续在塑造消费模式方面发挥关键作用，他们在休闲和教育等领域的消费行为将不同于前几代人。[4]因此，进入 20 世纪 50 年代后，众多国际组织将老年教育看作一种积极的投资，老年教育在提升老年人身份资本、人力资本及社会资本方面扮演着重要角色，也会为城市经济增长带来一定的积极回报。[5]世界范围内开始广泛关注老年教育问题，第三年龄大学、老年大学、老年游学营等公办与民办老年教育机构开始在世界各地涌现。我国在 1983 年创立了第一所老年大学，经过几十年的快速发展，目前已建成老年教育三级网络，形成了学校老年教育、社区老年教育、远程老年教育三条发展主线，建有 8 万余所老年大学；在校老年学习者 1400 万人，占全国老年人口的 5.3%。

---

[1] Schuller T, Preston J, Hammond C, et al. The Benefits of Learning: The Impact of Education on Health, Family Life and Social Capital[M]. London: Routledge，2004.
[2] 世界卫生组织. 世界卫生状况第六次报告　1973—1977　第 1 部分　全球性分析 [M]. 日内瓦：世界卫生组织，1980.
[3] 世界卫生组织. 积极老龄化政策框架 [M]. 中国老龄协会，译. 北京：华龄出版社，2003.
[4] National Institute of Adult Continuing Education. Demography and Lifelong Learning[R]. London: NIACE，2009.
[5] Dehmel A. Making a European area of lifelong learning a reality: Some critical reflections on the European Union's lifelong learning policies[J]. Comparative Education，2006，42（1）：49-62.

尽管世界各国已经开始重视人口老龄化的问题，并尝试通过老年教育迎接人口老龄化带来的"银发海啸"挑战，但与终身学习、学习型城市及学习型社会相关的政策倡议仍倾向于将重点放在年轻人这一群体上，重视对年轻人进行技能培训和再培训，导致公共资源在老年群体上的投入度远低于年轻人，老年教育的资源供给依然相对匮乏，当前多地存在老年教育"一座难求"的现象。由于教育规模的有限性与部分老年大学学习者"一坐不起"，结业后依然不愿退出相关课程，长期占用学习资源，许多老年人无法报名入学；老年大学开设的专业与课程有限，加之教学设备与场地不足，难以满足老年人的学习需求，多样化老年教育活动也十分有限。因此，多地开始采用限制重复修读课程与报名科目数量的方式，解决老年教育资源被少数老年群体循环占用的问题，但依然难以适应快速增长的老年人口规模。拥有丰富教育资源的高等院校与中小学等资源场地主要服务于年轻人，图书馆、教室、课程依然难以真正向社会开放，教育资源的紧张性导致老年教育的公平性、普惠性与有效性等基本原则难以实现。但稀缺性是资源本身的特性，如何在老年人口快速激增的背景下，有效、合理地供给老年教育资源，满足社会发展需求、老年群体学习需求，成为应对人口老龄化的社会政策中的核心议题。

（四）日益多元的老年学习需求：教育资源供给的新挑战

笔者以S市为案例地区调查了老年人学习需求状况。为了满足发展性观测需求，笔者在调查时将55—60岁的准老年群体也列入了调查范围，调查采用问卷星与纸质问卷相结合的形式进行，对于存在一定阅读障碍的受访者，采取阅读题项询问结果的方式进行。问卷发放数量为500份，回收有效问卷476份，问卷有效率95.2%，调查结果发现：随着年龄的不断增长，个体的自由支配时间不断增长，为投入自我表达性活动和探索新的可能性提供了机会，让个体有足够的时间尝试与体验年轻时没有时间尝试的活动。本研究的调查数据与林德（Linder）在 1970 年提出的休闲悖论呈现相近的趋势，随着年龄的增长，个体的可支配收入呈现 U 形增长曲线，可支配时间呈现线性增长趋势，休闲娱乐活动则呈现倒 U 形变化趋势，教育与学习需求在 75 岁之前呈现 U 形增长曲线，而在 75 岁之后则出现陡坡式下降，但仍有 38.1% 的人表示自己有教育与学习的需求，因此只要条件许可，学习不会因年龄增长而停止。

在对不同年龄层的群体进行学习内容需求分析时，可以看出在不同年龄阶段学习内容存在一定的差异。60 岁之前，由于个体还没有脱离工作场所，因此个体对工作技能与休闲娱乐的需求在整体需求中所占比例相对较高；60 岁至 75 岁，休闲娱乐与疾病预防在个体生活中占有相对较高的比重；75 岁以后，心理健康与疾病预防占比较高（见图 0-1）。这种差异的存在与拉斯莱特提出的年龄阶段的特征相关，"第三年龄是人生的顶峰，此时个体拥有丰富的知识经验与足够自由的实践，可以依据自身意愿完成自我实现。而在第四年龄阶段，由于健康水平的局限性，个体的行动能力下降，其更多开始依赖他人的照顾并迎接死亡"[1]。在第三年龄阶段，个体主要关注休闲娱乐与个性解放，而在第四年龄阶段，个体处于越来越依赖他人和需要更多照顾的阶段，本质上是一个人意识到死亡即将来临的阶段。当前国际范围内，第三年龄教育运动已发展成为全球成人教育的成功案例，发展出了众多的第三年龄大学，但米德温特（Midwinter）认为第三年龄的划分否定了真正的"终身教育"概念，即从摇篮到坟墓的延续性教育理念，这是一种年龄歧视，真正的教育应该是为了广泛意义上提高每个人的生活品质，因此第四年龄阶段的老年人同样需要受到教育关注。[2]

---

[1] Laslett P. A Fresh Map of Life: The Emergence of the Third Age[M]. Harvard: Harvard: University Press，1991.
[2] Midwinter E. Age Is Opportunity[M]. London: Centre for Policy on Ageing，1982.

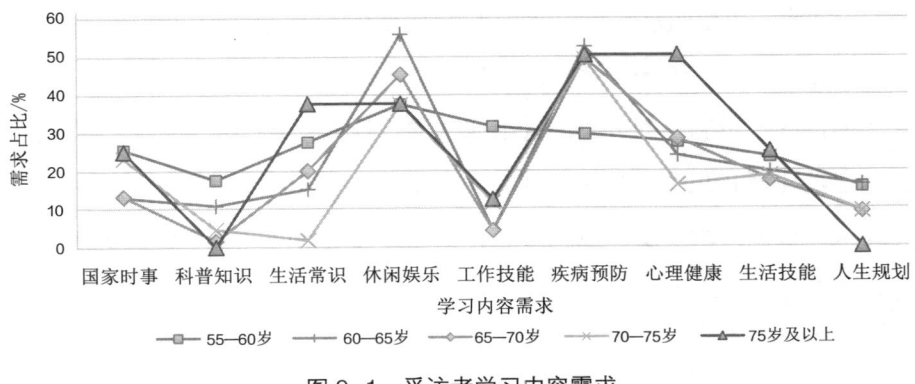

图 0-1 受访者学习内容需求

二、本书的研究问题、分析框架及研究内容

（一）研究问题

判断老年教育资源的有效供给应本着存在即为合理，资源供给后被使用即为有效的原则，将有效供给看成一个程度性结果，所有的观测结果代表有效性水平，不做有效与无效的定性判断。而如何合理地判断老年教育资源有效供给水平是本书的核心问题，解析这一问题需要探究其背后的理论逻辑、实践逻辑、测量框架及核心驱动力等子问题。据此，本书将问题域进一步细化。

1. 如何理解老年教育资源有效供给的内涵与特征？

研究老年教育资源有效供给问题的起点在于什么是有效供给，什么是老年教育资源的有效供给，老年教育资源包含哪些关键要素，实践层面表现为何种样态及背后的基本逻辑是什么等。本书将老年教育资源有效供给拆解为三个维度：供给充足性、空间均衡性和供需耦合性。引申出来的研究问题是：什么是老年教育资源供给的充足性，判断依据是什么？什么是老年教育资源空间的均衡性，判断依据是什么？什么是老年教育资源供需的耦合性，判断依据是什么？只有从源头上对以上问题进行解析，才能够合理评判老年教育资源有效供给的水平和结果，以便对后续研究问题进行探索。

2. 老龄化背景下如何评价老年教育资源的有效供给水平？

人口的数量和空间分布因人类居住的特性而存在一定的差异。因此在人口老龄化背景之下，判断老年教育资源有效供给问题应当思索的是：如何在人口规模持续变动及空间分布存在差异的状态下，发展性评价老年教育资源的有效供给水平？

3. 哪些因素影响了老年教育资源的有效供给水平，作用机制为何？

老年教育资源有效供给并非纯粹的投入与产出问题，而是在一定的政治、经济、文化背景之下，在一定的时空结构中，受到诸多要素的影响。因此探索老年教育资源有效供给问题的关键在于：何种要素在影响老年教育资源的有效供给水平？本书选择了一部分国家案例进行少案例比较（small-N comparative），用以分析老年教育资源供给的驱动力要素。由此引申出来的问题是：哪些国家适合进行少案例比较，选择的依据是什么？哪些要素是老年教育资源有效供给问题背后的影响要素，这些要素是否真正影响了老年教育资源的有效供给水平？解析此类问题也有利于更加合理地探究老年教育资源有效供给的可行性路径。

4. 如何提升老年教育资源有效供给水平？

在探寻老年教育资源有效供给的概念内涵、价值导向、实然状态及驱动力要素之后，就需要回答以下问题：如何在现有的资源供给状态下合理提升老年教育资源有效供给的水平？回答这一问题，需要结合相关研究，从老年教育资源供给的结构与模式入手，探讨相关的可行性路径。

（二）分析框架

如图 0-2 所示，本书针对老年教育资源有效供给的分析框架主要围绕老年教育资源有效供给的概念解构、实证分析和路径解析三个方向构建。理论层面，随着老年教育研究领域的发展，现今已发展出功能主义、人文主义和批判哲学等不同流派，本书基于批判主义视角，并结合老年教育批判哲学对老年教育资源供给的目的论和价值导向进行反思，建构老年教育资源供给的基本原则。实践层面，结合美国、法国、英国、中国的不同实践模式提炼老年教育资源供给的基本特征。基于理论与实践的双重辨析，生成老年教育资源有效供给的测评框架。实证分析部分以S市为案例地区对老年教育资源有效供给指数进行应用，测算了该市老年教育资源有效供给的水平，并应用回归分析手段，科学、客观地证实影响路径假设。路径解析部分结合福利多元主义理论、协同供给理论提出强化老年教育资源有效供给的可行性路径。

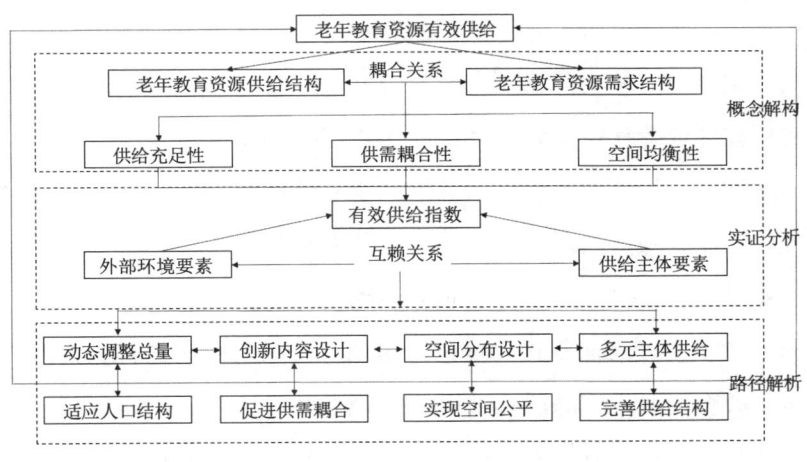

图 0-2　研究分析框架

（三）研究内容

如图 0-3 所示，本书从老年教育资源有效供给的内涵解构出发，结合老年教育研究理论流派对资源供给目的论的探讨及实践演进，建构了老年教育资源有效供给问题的分析框架，在文献研究的基础上生成测评框架、计算出有效供给指数，选择S市为案例地区开展现状测评，验证并生成影响因素模型，最后提出强化有效供给的路径。

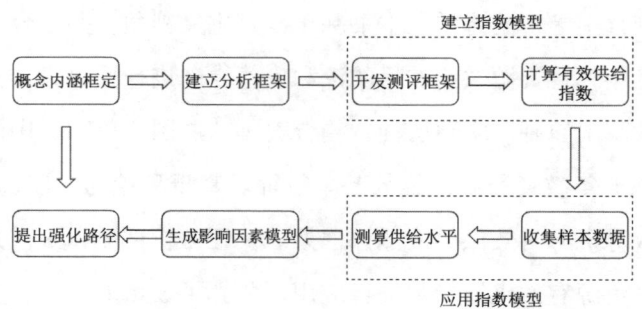

图 0-3　研究内容设计

具体而言，本书首先探讨了当前世界范围内人口持续变动的背景下人口老龄化带来的挑战，解析了当今世界老年人口的变化格局及中国老龄化现象的发展趋势，分析了老年教育在应对人口老龄化挑战中的作用。明晰本研究中老年教育资源有效供给的概念内涵，探讨研究思路及研究设计，可为老年教育资源有效供给理论模型的构建提供参照。

第一章从理论层面分析了老年教育理论研究领域中，随时间发展而演变的理论流派，筛选出老年教育批判哲学作为本书的主理论，对老年教育资源有效供给的目的论与价值导向进行批判性反思。

第二章从实践层面筛选出美国、法国、英国与中国进行少案例比较，解析老年教育资源供给的历史进程、时空结构、主要形式及系统特征。基于当下的时代特征，分析人口结构给老年教育带来的挑战，从而引发对老年教育资源有效供给问题的思索。

第三章依据系统论、可持续发展理论及空间分析哲学，从老年教育资源的供给充足性、空间均衡性与供需耦合性三个维度解构老年教育资源有效供给的概念内涵，回应老年教育资源有效供给的基本目标与价值导向。依据已有研究及老年教育资源有效供给本身的系统特征，建构老年教育资源有效供给的测评框架，并筛选相关官方统计数据，设计社会调查，将测评框架转化为观测点，设计老年教育资源有效供给的测评指标。

第四章随机抽样调查 S 市六个区的老年人，回收了 476 份有效问卷进行预调查分析。此外，基于预调查结果，应用主成分分析法，对老年教育资源有效供给指标体系的观测点进行赋权，最终测算出老年教育资源有效供给指数。

第五章应用老年教育资源有效供给指数，以 S 市各区为研究亚群，搜集指数测算相关的官方统计数据，分层抽样获取社会调查数据，随后从资源供给充足性、空间均衡性和供需耦合性三个维度呈现 S 市老年教育资源有效供给的当前水平，并最终计算出 S 市老年教育资源有效供给的指数水平。分析不同区域之间的差异及差异可能带来的问题，可呈现老年教育资源有效供给的实然状态。

第六章分析老年教育资源有效供给背后的驱动力结构，提出影响因素的研究假设。应用回归分析模型，从外部环境和内部主体两个维度验证研究假设，并进一步对影响因素内部的关系进行判断，生成了老年教育资源有效供给的影响因素模型。

第七章依据实证研究中的主要问题表征与影响因素模型，基于对未来老年人口规模和老年教育参与规模的预测分析，从老年教育资源有效供给的结构与模式出发，提出了动态调整供给总量、合理布局资源设施、科学设计供给内容及鼓励多元主体协同供给等老年教育资源有效供给强化策略。

第八章对本书的核心研究结论进行了总结与回顾，基于主要发现，探讨研究的创新与不足，并从验证工具推广效度及探寻多元主体参与资源有效供给的动力机制两个维度展望了老年教育资源有效供给问题未来的研究空间，为相关研究领域理论研究与实践活动的开展提供参照。

三、本书的研究设计及方法

（一）样本区域

本书选择 S 市作为实证分析的案例地区。该市自 20 世纪 80 年代开始发展老年教育，目前已形成"市—区—街镇—居村委"层层衔接的老年教育网络，建成了多个区域性老年大学系统，具有高人口密度、高资源分布水平、高老年教育参与率等特征，且拥有长期老年教育资源投入状况的官方统计数据。这为研究的开展提供了坚实的数据基础，有助于合理分析与反馈老年教育资源有效供给的现实水平、建构影响因素模型并提出强化路径。

（二）数据来源

本书测量老年教育资源有效供给水平所用到的数据包含老年教育资源供给状况、老年教育资源需求状况与老年教育机构的空间分布状况。其中资源供给状况分为人力、财力、物力、课程资源、生均资源拥有量，所涉及的教师数量、学生数量、班级数量、投入经费、课程开设数量等数据来源于 S 市老年教育统计数据。资源需求数据包含个体需求和社会需求，其中个体需求包含教育支付能力、教育资源满足度和教育产出成效三个方面，调查数据以 S 市各区为亚群，按照老年人口数量结构进行分层抽样；社会需求包含经济发展水平与人口结构，所涉及的人均 GDP、老年人口密度、劳动年龄人口结构等数据来源于《S 市统计年鉴》。研究中还包含历年老年人口数据、老年教育资源有效供给数据、老年人口教育参与数据等其他类型的数据，这些数据来自第七次全国人口普查、《中国统计年鉴》、S 市各区《国民经济和社会发展统计公报》等。

（三）研究方法

1. 少案例比较法

少案例比较法是指针对少数的案例进行定性分析，并通过分析结果尝试建立一种因果关系的方法。由于各国在老年教育领域缺乏系统性的统计数据，难以通过量化研究的方式追踪世界各国老年教育资源有效供给的历史数据，因此为了进一步明确老年教育资源有效供给的影响因素，本书选择少案例比较法对影响美国、法国、英国、中国的老年教育资源供给有效性的因素进行案例分析，以质性分析方法提炼研究假设，为影响因素模型的构建与验证提供依据。

2. GIS空间分析法

GIS空间分析法（GIS spiritual analysis）是空间分析哲学中地理分析流派通过对空间数据点、线、面以及模型的分析，采集、存储、计算和描述空间分布数据的方法。应用GIS空间分析法可以直观呈现资源在地理空间的分布状态，本书应用最短路径分析法计算老年教育机构与居民点之间的距离，反馈老年教育资源的空间可达性，并对S市各区老年教育资源的分布情况及形态特征进行空间数据分析，这有助于科学判断老年教育资源在空间分布上的均衡性。

3. 指数分析法

指数分析法（assessment code）最早应用于经济学领域的研究中，指当模型中不同变量单位无法进行直接比较时，先把变量转化为一个相对数（指数），再进行处理的方法，用以反馈某一集合性概念的发展水平，常见的指数有普尔指数、道琼斯指数、人类发展指数等。由于指数建构过程中常存在统计指标计量单位不一致的现象，研究者通常采用将所有单位不统一的数据转化为[0, 1]区间的标准化数值（即极差法）的方式进行统一计量与测算。通过对各数据点的权重测算，得出最终指数化计算的结果，其优点在于能对所有单位的数据进行可比性处理，保证研究的科学性。

4. 结构方程模型

结构方程模型（structurale equation modeling, SEM）又称协方差结构分析，是应用线性方程模型计算变量与潜变量以及潜变量之间关系结构的多元统计分析方法，通常用于多变量之间关系结构的验证以及问卷测量结构的验证。本书采用结构方程模型对调查问卷的测评框架进行验证性因子分析，检验问卷的结构效度，以保证调查数据的有效性。

5. 主成分分析法

主成分分析法（principle component analysis，PCA）主要是通过矩阵计算的方法，对所有观测点中的观测数据进行提取，将具有一定关联性的指标聚类成一个主成分，最终计算出少数互不相关的主成分值。此方法目的在于将多个指标数据转化成少数的综合指标数据，简化统计数据结构，对指标数据进行降维，以更好揭示变量关系。本书应用主成分分析法对测量体系中的观测点进行赋权，为老年教育资源有效供给指数的测算提供权重依据，避免人为赋权产生的主观倾向性与差异性，增加指数工具的科学性和可信性。

6. 回归分析法

回归分析法（regression analysis）主要是应用统计建模的方式，将因变量的变化结构特征化，建构自变量与因变量之间的函数关系，以解释因果结构的形成。本书对回归分析法的应用主要体现在两处：一是在人口规模预测、教育资源需求与人口规模关系预测中采用曲线估计的方法，测算自变量与因变量之间的拟合程度，并据此估计未来的发展曲线。二是依据回归分析法，测算影响因素模型中自变量与因变量的关系，对研究假设进行验证。

（四）技术路线

本书技术路线如图0-4所示，在导论中探讨研究的背景与问题域，基于对老年教育理论研究中理论流派的梳理，选择老年教育批判哲学为主理论对老年教育资源有效供给的目的论和价值导向进行批判性反思，并基于老年教育资源有效供给实践，选择少案例比较法对老年教育资源有效供给的实践特征进行解析。基于当前时代对老年教育资源有效供给提出的挑战，本研究结合系统论、老年教育批判哲学、可持续发展理论及空间分析哲学对老年教育资源有效供给的理论模型进行解析，从供给充足性、空间均衡性和供需耦合性维度，对测评指标进行指数化测算，并结合GIS空间分析法、耦合系数测算法，计算出老年教育资源有效供给指数，以测量案例地区的老年教育资源有效供给水平与现状。基于案例地区的官方统计数据与调查数据，测算该地区老年教育资源有效供给水平，应用回归分析模型验证影响要素模型及其内部关系。最后结合主要结论，提炼出有助于提升老年教育资源有效供给水平的可行性路径。

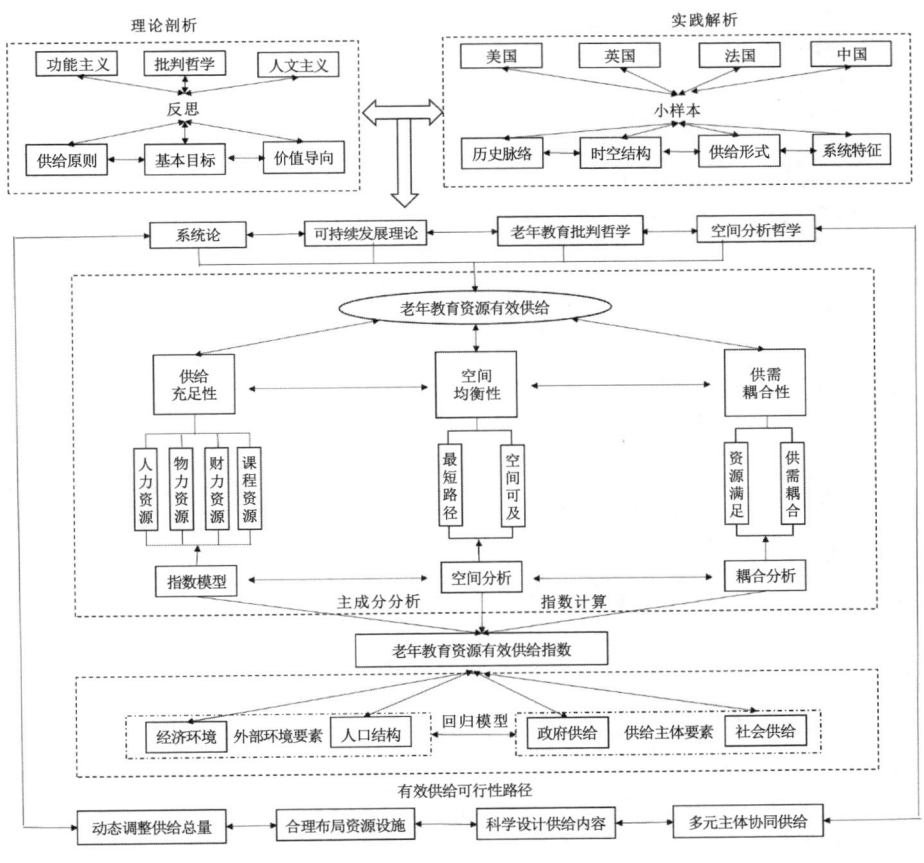

图 0-4　研究技术路线

上 篇

老年教育资源有效供给内涵解读

教育是社会发展的关键因素或前提条件，因为教育能促进经济增长，并且能使社会的新成员通过社会化而接受占统治地位的政治价值与文化价值体系。[①]

——安德鲁·韦伯斯特（Andrew Webster）

本篇从理论研究与实践发展的层面探讨了老年教育资源有效供给的目的论与各国的实践，探讨了老年教育资源有效供给的基本概念内涵，建构了老年教育资源有效供给的理论模型及测量框架。

回溯理论发现，老年教育理论研究自20世纪50年代诞生起发展至今已经分化为功能主义、人文主义、批判哲学三大流派，它们均对老年教育的目的论展开了探讨。本书遵循老年教育批判哲学的基本价值导向，将老年教育资源有效供给的特征归结为适应人口老龄化发展趋势、保障资源供给公平性，以及满足个体与社会发展需求。梳理实践发现，外部环境与治理主体会对老年教育资源有效供给状态产生重要影响，其中治理主体是重要影响变量。政府主导型的老年教育会受到经济环境的影响，在经济下行期，政府难以合理分配财力支持老年教育的发展；非营利组织主导型的老年教育通常采用自负盈亏的办学方式，总体发展规模及资源多样性相对有限；政府—社会协同治理模式能够相对稳定地保障老年教育的发展。

传统经济学视角下的有效供给关注经济效率问题，主张最大限度实现资源的价值，但实际上资源的有效供给不仅关联着经济效益，还关联着

---

① 韦伯斯特. 发展社会学 [M]. 陈一筠，译. 北京：华夏出版社，1987.

投入所带来的社会产出及需求满足等问题。现代西方经济学理论单纯追求帕累托最优，以及新自由主义思想对经济效益的追逐，过分强调资源投入的边际效益不利于教学育人目的的实现，不适用于研究教育资源有效供给问题。因此，本书将老年教育资源有效供给问题的研究域聚焦于人口变动背景下教育资源有效供给的充足性问题、空间差异背景下教育资源布局的均衡性问题及需求分化背景下教育资源对需求的满足性问题，将老年教育资源有效供给定义为适应经济社会发展的需求，满足和引导主体的教育需求，提高教育资源使用效率，达到教育供给最优化的状态，并从资源供给充足性、空间均衡性及供需耦合性三个维度提出包含15个二级指标、34个三级指标的测评指标体系。

第一章　老年教育资源有效供给的价值导向

一、老年教育理论研究流派的分化

老年教育理论研究缘起于老年学（gerontology）的发展，诞生于 20 世纪 50 年代，从最初将老化看作一种衰退的不可抗力的功能主义，逐渐转向主导个体意义建构的人文主义与倡导个体解放和增权赋能的批判哲学。为更加清晰地展现不同理论流派中老年教育资源有效供给的价值导向，本书将梳理中西方学者对老年教育的界定以解析不同理论流派的观点。

在功能主义层面，多纳休（Donahue）认为，老年教育意味着帮助老年人掌握有关衰老的基本信息，习得应对衰老的技能并适应年龄的变化。博尔诺（Bollnow）表示，医疗保健和休闲娱乐对老年人而言是不够的，老年教育作为对老年人开展的教育，让老年人以正确和有意义的方式对待老化。李旭初、刘兴策提出，老年教育是由教育者按照一定的社会要求，向老年人施加有目的、有计划、有组织的影响，以使他们的身心发生预期变化的活动。在人文主义层面，米斯克斯（Mieskes）表示，老年教育学是在教育学和老年人之间建立关系，是一种生活哲学与实践哲学，从本质而言，老年教育学指的是与老年教育所有的实践有关系的一门学科。彼得森（Peterson）阐明，老年教育学是用于老年人教学的策略，是旨在引导老年人获得更高水平的权利和解放的教育实践。默尔克（Mercken）认为老年教育是推动老年人积极与他人交往，寻求合理的认知方式，有目的地反思、转化与个人意义建构的有组织的教育活动。卡雷（Carré）表示，老年教育的一个基本特征就是关注老年学习者的需求，帮助老年人成为理想的完人，也意味着帮助老年人对抗社会排斥。巴特斯比（Battersby）认为，老年教育不是强加的说教性教育策略，而是在与老年人不断对话的过程中，通过教育促进老年人生活状态的改善。哈特福德（Hartford）则认为，老年教育是服务于老年人自我实现、完善社会关系、增加福祉和满足学习需求的教育活动。在批判哲学层面，格伦迪宁（Glendenning）表示，传统的老年教育课程建立在以下一系列想当然的假设基础上：老年人有学习能力缺陷、忽视老年群体的被边缘化问题、假设老年教育是为老年利益服务的等。这种假设在实践中往往导致老年人的驯化，而不是赋予他们权利和帮助他们实现自我。事实上，老年教育是一个隐喻，理论与实践之间的辩证范式，代表了对老年人开展教育的一种具体方法，通过结构化课程为老年人传授知识，以推动其不断适应变化的环境。巴特斯比和格伦迪宁认为，老年教育学应当是一个社会政治框架，我们应当在国家整体经济、社会发展的宏观背景下审视老年教育，应当在老年群体解放、授权、变革和对抗边缘化等方面建立话语权。勒米厄（Lemieux）和桑切兹（Sanchez）表示，老年教育学通过在学校为老年人设计规范的课程，推动老年人在生活中找到智慧。福尔摩沙（Formosa）则认为，批判性老年教育学应当通过教育赋予老年人话语权，以自由教育为基础，促进老年人的解放。

（一）功能主义：以正确的方式对待老化

初期对老年教育资源供给的价值导向产生重大影响的理论是哈维格斯特（Havighurst）的功能主义活动理论，该理论关注退休所引起的角色变化，以及身心变化对老年群体的影响，[1]认为成年人必须避免衰老带来的生理、心理机能的减退，倡导通过教育改变老年人的生活方式，促进积极的社会参与与公民身份赋权。1951年，密歇根大学的威尔玛·多纳休（Wilma Donahue）从老年学的角度提出对老年人开展教育（education for older adults）的主要目的是继续挖掘他们的潜力，并帮助他们保持与社会的融合。[2] 1955年，多纳休出版了《老年医学教育》（*Education for Later Maturity*）一书，首次对一个为期八周的课程"学习使人更长寿：为老龄化社区开展的服务实践"进行描述，提出老年教育（older adult education）是帮助老年群体科学地制定学习计划，满足其学习需求而开设课程所需的技术，最基本的特征是促进老年人的自我导向学习。[3] 此外，她还开设了一门名为"晚年生活：爱好投入工作"（Living in the Later Years: Hobbies Put to Work）的远程课程，证实了老年人的学习动机对其教育参与具有重要影响。[4] 这是老年教育学的首次概念化，因为多纳休的研究，老年教育开始进入教育科学领域。1962年，德国人奥托·弗里德里希·博尔诺（Otto Friedrich Bollnow）从人类学的角度对老年教育进行了深入反思，将老年学（gerontagogik）界定为对老年人开展的教育，提出这一教育活动需要让老年人以正确和有意义的方式对待老化，发展了老年教育学的认识论基础。[5] 作为老年教育研究的主要先驱，多纳休用以经验为导向的方法探讨了老年教育与培训的特征，理论基础是老年医学；博尔诺则从认识论的角度，从理论研究本身对老年教育进行了反思，理论基础是教育科学，这两种方法从根本上是对立的。

---

[1] Havighurst R J. Flexibility and the social roles of the retired[J]. American Journal of Sociology, 1954, 59 (4): 309-311.
[2] Donahue W. Experiments in the education of older adults[J]. Adult Education, 1951, 2 (2): 49-59.
[3] Donahue W. Education for later maturity: A handbook[J]. Journal of Consulting Psychology, 1955, 19 (3): 235.
[4] Donahue W. Experiments in the education of older adults[J]. Adult Education, 1951, 2 (2): 49-59.
[5] Bollnow O F. Das hohe alter[J]. Neue Sammlung, 1962 (2): 385-396.

皮特森（Peterson）提出，老年教育是将教育机构的服务与人口老龄化知识传播及老年人的需求相结合的实践项目。老年教育的总体目标在于提高老年人的生活质量，其概念属性包含三个维度：一是为老年人设计的教育活动；二是为公众设计的关于合理应对老化的教育活动；三是针对老年教育工作者开展的教育支持服务。[1] 麦克卢斯基（McClusky）提出，老年教育作为一个实践领域，其目的在于促进人的心理成长，防止过早的衰退，促进人健康、合理地老化；老年教育作为一个知识领域，关注人随着老化所发生的生理、心理变化，试图通过教育与学习，延长人类寿命，提升人类生产力，提高老年人的生活质量。[2] 马德勒（Maderer）提出老年教育的目标可以细分为三类：个体中心、同伴中心和物质中心，所有目标均以老年人的生活状态进行区分（见表1-1）。[3]

表1-1　马德勒老年教育的目标分类

目标	积极活跃的老年人	不积极活跃的老年人
个体中心	提高智力和身体能力，增加独立行为，发展额外的爱好和兴趣	提供满足生活需求的基本保障，保持智力和身体能力，保持独立的行为，适当发展自己的爱好
同伴中心	参与社会情境，为他人承担责任，使他人在社会情境中发挥作用	关注社会情境，认识他人，寻找对话者和适应社会
物质中心	应对新事物和新情况的挑战，并进一步反思与成长	合理区分各种物质材料，并充分利用资源

（二）人文主义：反思、转化与意义建构

人文主义视角下的老年教育概念着重关注包容性和对抗边缘性，强调与老年人不断对话，通过关注老年人的学习诉求与学习特征，将老年教育

---

[1] Peterson D A. Educational gerontology: The state of the art[J]. Educational Gerontology, 1976, 1 (1): 61-73.
[2] McClusky H Y. Education: Background and Issues[M]. Washington: White House Conference on Aging, 1971.
[3] Maderer P. Integrative Geragogik-bildungstheoretische Überlegungen[J]. Pädagogische Rundschau, 2005, 59 (1): 17-29.

视为一种服务于老年人自我实现、完善社会关系、增加福祉和满足学习需求的教育活动。[1]1970年，马库斯将老年教育学定义为一种生活哲学与实践哲学，其是与老年教育的所有实践相关的一门学科。[2]1976年，戴维·A. 彼得森创办了期刊《老年教育学》（*Educational Gerontology*），并在第一期上发表文章将老年教育学描述为"成人教育学和老年社会学交叉的研究和实践领域"，[3] 这一概念偏重从心理学的角度解释老年人的认知过程、生理特性、社会情绪和学习需求，包括教育资源规划、课程目的设置等方面的建议。此时，法国第三年龄大学、英国第三年龄大学开始陆续出现，学者将老年教育定义为一种实践哲学，探讨老年教育的实践认识论问题。

穆迪认为关于老年教育的普遍假设包含四类：一是对老年群体的歧视，将老年人视为无法实现社会权利，无法创造生产力与价值的群体，否定老年教育的经济价值；二是将老年教育视为一种社会福利事业与实现社会公平的手段，认为老年人的问题必须通过公共政策来解决；三是坚持老年人应当继续参与主流社会，老年教育的目的在于帮助老年人实现积极的社会参与、人力资本的二次开发、公民榜样的树立及社会志愿服务的参与；四是将老年阶段看成一种封闭的象征，强调老年人的自我实现，但由于老年群体的异质性较大，自我实现类的教育难以概念化。[4]

进入21世纪，随着第三年龄时代的到来，越来越多的老年人会经历从工作生活到退休生活的过渡，老年教育学领域得到了进一步概念化的发展。勒米厄用老年教育的双重模型区分了gerontagogy（老年学）与

---

[1] Hartford M E. Career education for the preparation of practitioners in gerontology[M]//Sherron R H. Lumsdn D B. Introduction to Educational Gerontology. New York: Taylor & Francis, 1990.

[2] Mieskes H. Geragogik-Pädagogik des Alters und des alten Menschen[J]. Pädagogische Rundschau, 1970, 24：89-101.

[3] Peterson D A. Educational gerontology: The state of the art[J]. Educational Gerontology, 1976, 1（1）: 61-73.

[4] Moody H R. Philosophical presuppositions of education for old age[J]. Educational Gerontology, 1976, 1（1）: 1-16.

geragogy（老年医学）的概念内涵，提出 geragogy 只关注有缺陷的老年人的教育和培训，学科根基是老年病学。[①] gerontagogy 关注的是没有缺陷的老年人，其是一种新的混合科学，包含了老年教育学、学科专业化和老化教育等相关问题域，学科根基是教育学。霍金森（Hodkinson）提出，老年教育的特征在于学会成为（learning that of becoming），教育的目的不仅仅是为老年人提供获得知识、技能或提高理解力的途径，还要为老年群体提供个人发展和重建的机会。[②]

（三）批判哲学：对话、解放与赋权

老年教育批判哲学源于两个主要问题：一是对激进主义的关注，倡导通过教育改变老年人普遍被边缘化的现状；二是对主流老年教育研究不批判和非政治倾向的反对。老年教育批判哲学起源于 1984 年奥尔曼（Allman）对老年教育的呼吁：提高老年人的生活质量不是通过任何学习经验的积累就能实现的，只能通过教育的方式来实现。1993 年，格伦迪宁整合了批判社会理论和批判教育学的视角，提出老年教育是针对老年群体的教育干预，而不是将老年人置于教学情境之中，将赋权和自我实现作为发展老年教育实践的首要原则。[③] 倡导资源供给的价值观起点在传统功能主义的方法论上发生转向，其对占据主导地位的自由主义传统观念进行了批判，将知识的起源与发展解释为社会权力关系的象征，把促进解放、赋权、改革和自由发展确定为老年教育资源供给的基本原则。2011 年，马尔文·福尔摩沙发展了老年教育批判哲学，提出尽管当前主流的人文主义老年教育观关注老年人的思想与自由的发展，但是忽略了老年人在社会中处于边缘化

---

① Lemieux A, Sánchez M. Gerontagogy beyond words: A reality[J]. Educational Gerontology, 2000, 26 (5): 475-498.
② Hodkinson P, Ford G, Hodkinson H, et al. Retirement as a learning process[J]. Educational Gerontology, 2008, 34 (3): 167-184.
③ Glendenning F. Educational gerontology and gerogogy: A critical perspectives[J]. Gerontology & Geriatrics Education, 1993, 13 (1-2): 5-21.

位置的问题。如果不通过教育调控，个体本身无法以人文主义和自我导向的方式，实现精神与心理的不断完善。①

二、老年教育批判哲学的基本原则

老年教育批判哲学远离主流老年教育中普遍存在的功能主义和心理学范式，提倡一种"批判的"老年教育实践，倡导教育应当帮助老年学习者发展他们的思维，赋予其更高的权利和提高自主学习能力。② 老年教育批判哲学遵循四大原则。

（一）基于社会发展规律开展老年教育实践

批判哲学将老年教育资源供给问题看作一个整合性的系统实践问题，在老年教育研究中发展出了一种社会主义视野，认为新自由主义对经济效益的过分追逐导致老年群体离开工作场所后被视为无法创造经济价值的人从而被社会边缘化，老年人处于一种年龄歧视的"沉默文化"当中。③ 1997年，桑德拉·库萨克（Sandra Cusack）重申了巴特斯比的观点，认为老年教育是为老年群体增权赋能、促进社会发展变革的重要手段，必须纳入成人教育项目之中，致力于为老年人提供平等、公正的教育资源。因此，在进行老年教育资源供给时，应当在追求经济发展的过程中合理关注老年群体的社会权益，正视年龄歧视现象，突出老年群体的社会价值，将教育作为促进老年群体广泛社会参与与推动整体社会变革的关键路径，突出平等和正义的社会政治化视野。

---

① Formosa M. Critical educational gerontology: A third statement of first principles[J]. International Journal of Education and Ageing, 2011, 2（1）: 317–332.
② Battersby D, Glendenning F. Reconstructing education for older adults: An elaboration of the statement of first principles[J]. Australian Journal of Adult and Community Education, 1992, 32（2）: 115–21.
③ Freire P, Faundez A. Learning to Question: A Pedagogy of Liberation[M]. New York: World Council of Churches, 1989.

（二）重塑教育对老年群体的解放与赋权

批判哲学的兴起源于卡尔·马克思（Karl Marx）在其早期现象学著作中勾勒出的社会的不平等和不公正现象。在成人教育激进运动之后，保罗·弗莱雷（Paul Freire）在教育学领域中提出的具有革命性与颠覆性的原则——"教育是一种政治行为，没有中立的教育者，教育的目的要么是促进自由，要么是进一步驯化"[1]得到了延续。他将教育看作一个包含编码和解码的学习过程，鼓励学习者通过教育实现自由，认为教育是人类为改造世界而产生的社会实践。[2]老年教育批判哲学正是基于这一教育理念，将教育与学习看作导致变革性社会实践的过程，[3]认为传统的老年教育将老年人看作同质性群体，基于老年人身心状况"赤字"的基本模型，想当然地设置课程，导致教育资源的供给无法真正满足老年群体的发展需求。老年教育批判哲学倡导通过教育资源的供给帮助老年人对抗经济、社会、政治和文化等方面的边缘化问题，[4]为处于不公平状态的老年群体提供解放与赋权的可能性。

（三）批判传统功能主义的衰退不可逆论

巴特斯比提出老年教育应当与弗莱雷的解放教育有许多相似之处，并将之定义为"一个解放和转变观念以支持对话教学的核心原则"[5]。他断言，对老年教育的生理学和心理学解释都忽略了老年人的社会和文化特征，呼吁成人教育学研究者对第三年龄的教育革命进行评估，并批判性地检验第

---

[1] Freire P. Education for Critical Consciousness[M]. London: Bloomsbury Publishing，1973.
[2] Freire. Pedagogy of the oppressed[J]. New Zealand Nursing Journal Kai Tiaki，2008，68（7）：14.
[3] Simon R I. Teaching Against the Grain: Texts for a Pedagogy of Possibility[M]. New York: Bergin and Garvey，1992.
[4] Bunyan K, Jordan A. Too late for the learning: Lessons from older learners[J]. Research in Post-Compulsory Education，2005，10（2）：267-288.
[5] Battersby D. From andragogy to gerogogy[J]. Journal of Educational Gerontology，1987，2（1）：4-10.

三年龄教育的概念是否合理。[①] 格伦迪宁和巴特斯比倡导老年教育不应仅供给休闲娱乐类的教育资源，而应当为老年人提供社区文化生活的参与路径，提高老年人的生活质量，成为社会转型的基本载体。[②]

（四）推动老年群体掌握知识与自我完善

批判哲学将老年教育资源的供给问题置于批判性认识论中。在该认识论中，教育资源供给的目的在于适应老年群体的发展规律，帮助老年人发展他们的思维和学习，思考、质疑和反思他们所知道的或学习的新领域的内容，教育资源供给的作用是提高老年群体的自我满足和自尊水平。尽管当前世界范围内大多数老年学习者来自中产阶级，但基于社会正义的价值理念，老年教育批判哲学学者在开展相关研究的过程中，通常会选择未参与老年教育的老年群体，他们提出通过养教结合和远程教育的方式，为出行不便的老年群体提供教育资源，以帮助其更好地掌握知识，并通过灵活开放的方式帮助老年群体更好地参与教育过程，以最终实现解放思想的目的。

三、老年教育资源供给目的论反思

在不同流派老年教育理论研究的影响下，联合国、欧盟等国际组织以及各国开始出台系列性文件，将老年教育作为应对人口老龄化快速发展的关键路径，不断倡导通过正式与非正式的教育资源供给，增加老年群体的受教育机会、提高老年人的生活质量、提高社会经济文化的发展水平。进入21世纪，联合国在第二届世界老龄大会上通过了《马德里老龄问题国际行动计划》，要求各成员国关注三个领域的工作：老年人与发展、老年人健

[①] Battersby D. The greying of the campus: Elderhostels and U3As[J]. Journal of Tertiary Educational Administration，1985，7（1）：81–84.

[②] Moody H R. Why worry about education for older adults[J]. Generations，1987，12（2）：5–9.

康与福利以及为老年人创造良好的环境;会后出版了《积极老龄化政策框架》,将老龄化看作世界范围内的普遍现象,倡导关注老年人的权利保障,提出"健康、参与、保障"的积极老龄化政策框架。NIACE 提出英国政府公共部门协议的具体目标包括:消除贫困,实现老年人的更大独立性,促进人人享有更好的健康和更多的福祉。[1]结合老年教育批判哲学与积极老龄化的政策框架,本书对老年教育资源供给的目的进行了梳理。

(一)个体层面

1. 增加主观幸福感

主观幸福感(subjective well-being)最早起源于快乐主义(hedonic)的幸福观和完善论(eudainmonic)。伊壁鸠鲁认为幸福感来源于快乐,快乐是生活的开始,是人类的终极目的。现代意义上的主观幸福感始于20世纪60年代威尔森(Wilson)对幸福感影响因素的研究,[2]随后美国学者基恩纳(Giener)将主观幸福感界定为个体依据主观评价标准对生活中感知到的情感、质量及状态的整体评价。老年教育自诞生之初,就以满足老年人的精神需求,促进老年人的精神愉悦为主要目标,因此,主观幸福感是评价老年教育成效的主要标准之一。

2. 促进身心健康

随着年龄的增长,健康问题的出现是一个相对不可逆的大趋势,老年人在完成工作角色进入退休状态后,生活的重心在于适应新身份与应对健康问题。研究表明,学习在维持老年人认知功能、能力、[3]心理健康、智力水平和社交网络[4]方面起着至关重要的作用。近年来,随着健康老龄化、

---

[1] McNair S. Older People's Learning: An Action Plan[R]. Leicester: NIACE, 2009.
[2] Wilson W R. Correlates of avowed happiness[J]. Psychological Bulletin, 1967, 67 (4): 294.
[3] Glendenning F. Why educational gerontology is not yet established as a field of study: Some critical implications[J]. Education and Ageing, 1997 (12): 82-91.
[4] Tam M. Active ageing, active learning: Elder learning in Hong Kong[M]//Boulton-Lewis G, Tam M. Active Ageing, Active Learning. Dordrecht: Springer, 2012.

积极老龄化、生产性老龄化概念的不断发展,人们对老年人普遍依赖他人和需要照顾的刻板印象得以改变。毫无疑问,教育是其中关键的催化剂,并具有不可估量的潜力,有助于提高老年人的独立能力,增加他们的自主性与活跃性,[1]还有助于提升老年人的自尊心、自信心,建立积极的人生观,促进老年群体心理健康水平的提升,[2]而且对生活质量和经济保障,以及减少抚养和护理费用都有积极的影响。[3]

3. 增强独立性

舒勒(Schulle)强调,老年人的学习是一种必要的润滑剂,能使老年人的生活充满机会和活力。[4]托恩斯坦姆(Tornstam)也着重探讨了老年人的个体发展,尤其在各国进入老龄化社会之后,教育应该帮助老年人更好地反思,重新理解和认识自我,用更加开放和宏观的视角来看待生活。[5]葛兰西(Gramsci)提出老年教育学应当致力于将老年教育作为一场社会运动,阐明和完善老年人在世界范围内和集体中的身份,促进老年人积极的社会参与,对抗传统老化观念中老年群体的异质化与边缘化问题。[6]

4. 增加社会参与

老年人是一个多样化的群体,其因早期经历不同而有着不同的学习需求和能力水平,但同样面临退休后的角色转化问题。大多数老年人离开工作岗位后,其社交网络密度降低,孤独、封闭、逃避社交等问题随之而来。老年教育的发展并不仅仅意味着为老年群体提供学习机会,还意味着

---

[1] Mercken C. Education in an Ageing Society: European Trends in Senior Citizens' Education[M]. Baarn: Odyssee,2004.

[2] Schuller T, Preston J, Hammond C, et al. The Benefits of Learning: The Impact of Education on Health, Family Life and Social Capital[M]. London: Routledge,2004.

[3] National Institute of Adult and Continuing Education. Older People and Learning—Some Key Statistics[R]. Leicester: NIACE,2002.

[4] Schuller T. Learning through life: The implications for learning in later life of the the NIACE inquiry[J]. International Journal of Education and Ageing,2010,1(1): 41-51.

[5] Tornstam L. Gerotranscendence: The contemplative dimension of aging[J]. Journal of Aging Studies,1997,11(2): 143-154.

[6] Gramsci A, Hoare Q. Selections from the Prison Notebooks[M]. London: Lawrence and Wishart,1971.

强化老年群体的社会网络和社会支持,[1]鼓励其积极地参与社会。研究表明,无论是通过正式学习还是非正式学习,人们都认为教育在促进社会参与方面发挥着重要作用。

5. 促进自我实现

老年教育批判哲学认为老年教育的功能在于赋予个人权利和推动社会群体解放,与老年人教育的理论和实践极为相关。[2]这种基于激进理论原则的批判性观点,旨在改变老年人生活条件的形成方式,并通过教育的可及性和参与性民主化,推动人们生活的真正转变,[3]将促进个人解放和社会赋权作为学习过程的一部分。本扬(Bunyan)提出老年教育是一种公共产品、一项基本人权,可以为老年人提供社区文化生活的参与路径,帮助老年人对抗经济、社会、政治和文化等方面的边缘化问题,促进积极的自我实现。[4]

(二)社会层面

1. 缓解社会赡养负担

在人口老龄化快速发展的时代,人口特征表现为高出生率—低死亡率与人均预期寿命不断延长,这导致劳动人口与老年人口的比例开始发生转变。劳动人口规模不断缩小的同时,人均赡养负担持续加重,养老、医疗等方面的社会压力及家庭压力不断增加,城市经济结构受到持续挑战。[5]

---

[1] Henkin N. Communities for all ages: A practical model[J]. Journal of Planning Education and Research, 2007, 42(4): 147-166.

[2] Formosa, M. Older adult education in a Maltese University of the Third Age: A critical perspective[J]. Education and Ageing, 2000(15): 315-339.

[3] Glendenning F, Battersby D. Why we need educational gerontology and education for older adults: A Statement Of First Principles[M]//Glendenning F, Percy K. Ageing, Education and Society: Readings in Educational Gerontology. Keele, Staffordshire: Association for Educational Gerontology, 1990.

[4] Bunyan K, Jordan A. Too late for the learning: Lessons from older learners[J]. Research in Post-Compulsory Education, 2005, 10(2): 267-288.

[5] Summer A M. The silver tsunami: One educational strategy for preparing to meet America's next great wave of underserved[J]. Journal of Health Care for the Poor and Underserved, 2007, 18(3): 503-509.

卡尔顿（Carlton）提出，从长远来看，终身学习是老年人自我发展和维持健康、独立生活的重要工具。因此，公共政策领域开发出足够满足老年人学习需求的资源，将有利于缓解城市社会的养老负担。[①]

2. 提升经济发展水平

伴随着 20 世纪 80 年代生产性老龄化概念的兴起，越来越多的国家摒弃了原来的将老年人定义为社会资源消耗者的做法，将老年人视为新的社会资源，致力于构建一个有利于老年人发挥价值，完成更多生产性活动的老龄化社会。早在 1974 年，奥尔曼（Allman）就建议老年教育必须让老年群体重新掌控生产和创造的知识。[②] 随着社会政治、经济、文化水平的不断提升，老年教育从最初功能主义视角下的休闲教育与福利教育开始向促进人力资本的二次开发转变。唯有如此才能有效避免人口老龄化所带来的经济发展水平的下滑，同时在一定程度上避免社会对老年群体的年龄歧视。

四、老年教育资源有效供给的价值导向的具体内容

老年教育资源有效供给目标实现的基本前提是明确资源有效供给的价值观，其具体包括充足、适切与均衡。充足并非指无限制的扩张，而是指在一定的经济、社会发展条件下，依据老年人口数量规模设定合理的总量结构。资源有效供给作为一个发展性概念，强调将资源供给放置在一定的时空背景之下，基于可持续发展理念，对城市的人口结构、资源需求、经济发展、就业结构等要素进行综合协调，从而形成合理化、科学化的老年教育资源有效供给结构。诚如实践合理性理论对合理性的界定，其并非合

[①] Carlton S, Soulsby J. Learning to Grow Older & Bolder: A Policy Paper on Learning in Later Life[M]. Oxford: National Institute of Adult Continuing Education，1999.

[②] Allman P. Self-help Learning and Its Relevance for Learning and Development in Later Life[M]//Midwinter E. Mutual Aid Universities. Beckenham: Croom Helm，1984.

理与不合理的分界点,而是关于合理性程度的问题,任何存在即为合理,同样老年教育资源有效供给问题,也并非一个非黑即白的有效与无效问题,而是在现有时空背景下,关于有效性程度的问题。有效性程度高的老年教育资源供给状态应当基于符合人口老龄化发展趋势、保障资源供给公平性及适应个体和社会发展需求的价值导向。

(一)适应人口老龄化的发展趋势

阿奇利(Atchley)提出当前老年教育过于关注个体的成长与感受,教育活动通常以休闲活动的形式呈现,只符合中产阶级老年人的利益,没有照顾到工薪阶层的诉求。尤其是伴随着时代的发展,新型混合生命周期对传统老化观念提出了挑战,教育需要为老年人提供多样化的学习机会,帮助老年人更好地参与文化、政治、经济、社会生活。因此,在老年教育资源有效供给中,无论是何种形式,都应当把知识的传播置于资源有效供给的中心,通过教育活动为老年人提供广泛的参与机会。①

(二)保障老年教育资源供给的公平性

2006年,欧盟在《成人学习:学习永远不会太迟》中呼吁要为老年工人和退休人员提供更多终身学习机会,成员国在老年人学习方面面临五个挑战:老年教育机会的公平性、老年教育资源的优质性、老年学习成果的多样性(来自正式或非正式学习)、老年教育的财政支持与老年教育统计数据的匮乏性。泰勒(Tyler)提出老年人更有可能参加白天、离家近、交通便捷的课程,因此,帮助老年群体便捷有效地获得与外界的联系和知识,是老年教育资源有效供给的基本原则之一,由此引申出来的一个概念即为可达性(accessibility)。在老年教育资源供给领域,可达性是指老年

---

① Longworth N, Osborne M. Six ages towards a learning region——A retrospective[J]. European Journal of Education,2010,45(3):368-401.

人克服距离、时间和费用等阻力到达老年教育资源供给场所（老年学习场所）的容易程度，是衡量老年教育资源供给便捷性的重要标准，也是评价不同地区老年教育资源供给公平性的重要参考依据。可达性的计算方法有多种，常用的有缓冲区分析法（buffer zone）、最短距离分析法（minimum distance）、行进成本法（travel cost）和吸引力指数法（gravity index）等。其中最短距离分析法是通过计算老年人到达最近的老年教育机构的距离来表达可达性水平，是最适用于测算老年教育资源供给便捷性的方法之一。

（三）适应个体发展与社会变化的需求

威斯纳（Withnall）认为老年教育作为一种保持和发展技能、能力的方式，应致力于促进老年人保持健康、独立、参与社会生活的方式，增加老年个体、家庭、社区和社会的福利。[1] 杜兰（Dolan）等通过研究表明老年教育最显著的教育产出就是老年人身体健康、心理健康与福祉增加。[2] 因此老年教育资源有效供给的第三个价值导向是保障老年人从教育活动中受益，但老年教育不同于传统的基础教育、高等教育，其教育投资所带来的经济效益相对有限，但带来的社会效益却不可估量。老年教育资源应与社会需求保持一致，在各级各类学校之间实现均衡配置。

---

[1] Withnall A. The debate continues: Integrating educational gerontology and lifelong learning[M]// Withnall A. Teaching and Learning in Later Life: Theoretical Implications. London: Routledge，2000.
[2] Dolan P, Fujiwara D, Metcalfe R. Review and update of research into the wider benefits of adult learning[J]. BIS Research Paper，2012（90）：1-47.

第二章　老年教育资源有效供给的历史实践特征

一、案例国家选择

（一）案例选择依据

由于老年教育尚属于一个相对年轻的专业研究领域，国际层面相关统计数据较为匮乏，难以使用大样本（large-N）的量化处理方法对老年教育发展规模进行统计分析。因此，本研究采用少案例比较法，选取美国、法国、英国、中国四个国家进行不同社会背景下老年教育治理的典型形态比较分析，探寻不同的老年教育治理路径对老年教育总体规模的影响，从而寻求适合中国发展老年教育的路径。选择这四个国家的原因在于英国与法国在老年教育诞生后都经历了"兴盛—沉寂"阶段，美国与中国在老年教育诞生后经历了持续发展阶段。我国采取以政府为主导、鼓励社会力量积极参与举办老年教育的模式，美国从最初的政府责任制转向权力下放的多方参与举办老年教育的模式，法国采取政府主导模式，英国则主要采取非营利组织主导模式。四个案例国家在发展老年教育的过程中存在相近的脉络又呈现不同的发展状态，有利于开展比较分析。

（二）比较基本单位

本书开展比较分析的主要目的在于解析老年教育总体发展规模变化背后的历史原因，探讨老年教育发展的外在驱动力，但实际上将老年教育资源有效供给问题放置在一个政治、经济、文化环境不断变更的社会动态发展背景之下，考量不同外在因素对老年教育总体发展的影响。梳理文献发现，社会政治、经济、文化因素对老年教育的发展规模、发展形态起到了重要的决定性作用，例如，巴特斯比将老年教育界定为一个社会政治框架，认为应当在整体国家经济、社会发展的宏观背景之下考察老年教育。[1] 布鲁克菲尔德（Brookfield）将老年教育看作一种与社区福祉产生重要关联的战略目标，认为老年教育的发展离不开整体社会环境，受到实践方式的影响。[2] 据此，本书将外部环境视为开展比较分析的基本单位之一。老年教育治理中的主要行动者也会对老年教育的发展规模产生重要影响，例如，歌兰蒂斯（Gladdish）在研究中提出老年教育的大规模发展有赖于政府、市场与社会组织之间合作伙伴关系的建立。[3] 纽曼（Newman）应用社会资本框架分析老年教育时提出，老年教育治理行动中的各个主体会对老年教育的资源供给规模产生重要影响。[4] 因此，本书将治理主体结构作为第二个比较分析的基本单位，分析探讨外部环境与治理主体是否会对老年教育总体发展规模产生影响，以及会产生怎样的影响，解构四个国家老年教育总体发展规模变化背后的历史原因，分析探讨推动老年教育治理规模扩张的根本路径。

---

[1] Battersby D, Glendenning F. Reconstructing education for older adults: An elaboration of the statement of first principles[J]. Australian Journal of Adult and Community Education，1992，32（2）：115-121.

[2] Brookfield S. The impact of lifelong learning on communities[M]//Aspin D N, Chapman J, Evans K, et al. Second International Handbook of Lifelong Learning. Dordrecht: Springer，2012.

[3] Gladdish L. Learning, Participation and Choice: A Guide for Facilitating Older Learners[M]. Leicester: NIACE，2010.

[4] Newman S, Hatton-Yeo A. Intergenerational learning and the contributions of older people[J]. Ageing Horizons，2008，8（10）：31-39.

二、案例国家老年教育发展的历史变迁

（一）美国

现代意义上的老年教育最初发源于美国，共经历了三个发展阶段（见表 2-1）。第一阶段始于 20 世纪 50 年代，在老年医学教育研究与功能主义哲学发展的推动下，美国联邦政府充分关注到了退休所带来的公民角色身份的变化，[①] 承担了保障老年教育的主要责任。早在 1950 年，美国就召集全国老龄会议强调了老年教育在持续改善就业、健康及家庭关系方面的重要价值，倡导通过教育改变老年人的生活方式、促进老年人积极的社会参与。[②] 进入 20 世纪 60 年代，美国陆续发布了《退休学习方案》《免费老年教育方案》《高等教育法案》《志愿服务法》等一系列政策法律，明确联邦政府在保障老年教育、培训及休闲活动机会方面的基本责任与义务。第二阶段始于 20 世纪 70 年代，代表性事件是 1975 年老年游学营的成立，游学营通过为老年人提供寄宿制教育的形式加入老年教育治理的行列，此后参与老年教育治理的非营利组织逐渐增多。此时，美国的 GDP 增长率出现波动，联邦政府开始强调通过教育对老年人力资本进行二次开发，代表性文件是 1982 年出台的《职业培训综合法》，各州拨款帮助老年人参与技能培训，使其再次进入劳动力市场，创造人口二次红利。到 20 世纪 70 年代中期，主管老龄问题的政府部门向美国社区与初级学院协会提供了一笔赠款，组织了老年教育的有关会议、讲习班与研究活动，也设立了专项基金，为老年人中心、社区学院、社区学校、教堂的老年人提供了大量的寄宿教育方案，吸引了众多社会力量加入老年教育治理行列。同一时期，39 个立法机构颁布了法案，保障老年人的学习机会与学习权益。第三阶段始

[①] Havighurst R J. Flexibility and the social roles of the retired[J]. American Journal of Sociology, 1954, 59(4): 309-311.

[②] Manheimer R J. Lifelong learning in aging societies emerging paradigms[J]. Annual Review of Gerontology and Geriatrics, 2008, 28 (1): 111-127.

于20世纪90年代,随着社会力量的广泛参与,政府开始进行权力下放,多元利益主体协同治理的格局形成。1990年,地方政府和社区依据老年人的需求自主调配资源,老年教育治理主体日趋多样化,图书馆、博物馆、社区学院、老年游学营、家教学院、校友会等组织开始加入老年教育治理的行列。2000年颁布的《老年人教育法案》明确规定将老年教育的治理权下放给非营利组织,政府的主要职责是支持、监督、协调非营利组织的服务,因此自上而下的老年教育治理体系形成了。发展至今,美国已经形成了地方政府提供资助,社区学院、社会培训机构、非营利组织共同参与治理的格局,其中约有1.5万个社区学院、老年人中心在为老年人提供免费的课程。

表2-1 美国老年教育的历史变迁

阶段	结构 外部环境	结构 治理主体	老年教育发展规模
1950—1975年	老年医学教育研究兴盛,多项老龄公共政策出台,GDP保持年均4.4%的增长率	政府、企业→老年事务机构、员工	老年教育参与率超过8%,40%的企业开展退休前教育
1975—1990年	GDP增长率出现波动,政府层面开始关注老年人力资本二次开发,老年游学营成立,非营利组织加入老年教育治理行列	政府、社区学院、高校、老年人中心	社区、高校、非营利组织开始加入老年教育治理行列,其中老年游学营参与规模超30万人
1990年至今	《老年人教育法案》规定老年教育的治理权下放,地方政府和社区依据老年人的需求自主调配资源	地方政府、社区学院、场馆、退休协会、高校、企业	约1.5万个社区学院、老年人中心为老年人提供免费课程,工人中心等非营利组织也参与老年教育的治理

（二）法国

法国老年教育同样经历了三个发展阶段（见表2-2）,其中第一阶段

老龄时代的教育治理：老年教育资源如何有效供给？

始于1973年法国第三年龄大学的建立，此时正值经济发展的黄金时代（1950—1975年），就业充分，劳动力供不应求，为法国政府支持老年教育发展提供了充足的预算。实际上早在1968年法国政府就立法要求大学提供终身教育，第三年龄大学的诞生标志着法国正式开始了老年教育治理行动。随着第三年龄大学在世界范围内的兴起，1975年法国创建了第三年龄大学国际协会（International Association of the Universities of the Third Age，AIUTA），倡导世界各国通过法律规范老年教育的治理结构，其成员国包含法国、西班牙、葡萄牙、意大利、瑞士、瑞典、中国、加拿大、日本等国家。1976年，法国政府将老年教育列入《第七个发展计划》，拨款4.8亿法郎投入老年教育，敦促各地大学开办第三年龄大学，政府主导的老年教育治理格局形成。1981年成立的法国第三年龄大学协会（Union Française des Universités Tous Age，UFUTA）倡导第三年龄大学应增加大学教职工的比例，到2018年，UFUTA已经拥有了35个成员。[①] 然而到1990年，随着经济辉煌时期的结束，人口年龄结构不断变化，老龄事业的开支增速大于收入增速，退休、养老与社会福利事业开始出现赤字，政府逐渐退出老年教育治理的历史舞台，法国老年教育发展进入第二阶段。政府对老年教育的支持日益缩减，依托于传统大学、接受政府拨款资助的第三年龄大学开始转变为非营利组织，以老年学习者的学费为主要收入来源，此时法国老年教育规模逐年缩小。到2010年，法国退休年龄从60岁逐步延长至62岁，领取全额养老金的年限也相应延长，财政赤字率开始下降，法国政府逐渐回归老年教育治理的舞台，法国开始进入老年教育发展的第三阶段，众多学者致力于人口老龄化与老年教育研究，呼吁社会对老年教育的支持。2017年，法国财政赤字率跌破3%，老年教育重新回到公众视野。

---

① Laslett P. A Fresh Map of Life: The Emergence of the Third Age[M]. London: Macmillan Press, 1989.

表 2-2 法国老年教育的历史变迁

阶段	结构		
	外部环境	治理主体	老年教育发展规模
1973—1990 年	经济发展黄金时代，法国政府将老年教育列入《第七个发展计划》，政府出资 4.8 亿法郎支持老年教育发展	政府↔高校↔非营利组织	法国成立第三年龄大学国际协会，全法国超 60 所学校接收老年学习者，后成立第三年龄大学法兰西联盟，推动了世界范围内 170 所第三年龄大学的成立
1990—2010 年	政府赤字严重，失业率攀升，政府缩减对老年教育的财政投入	社区↔养老基金会↔非营利组织	依托于传统大学、接受政府拨款资助的第三年龄大学开始转变为非营利组织，老年教育规模缩减，第三年龄大学依靠学费收入开展老年教育
2010 年至今	退休年龄延长，财政赤字率下降，学者呼吁社会关注老年教育	高校↔非营利组织	法国的 41 个城镇建有第三年龄大学，国家启动亲子阅读项目、行动中的老年人项目等促进老年教育发展

（三）英国

英国老年教育经历了四个发展阶段（见表 2-3），第一阶段始于 20 世纪 60 年代，伴随着英国人口老龄化问题的不断加剧，英国成人教育协会通过征集论文及召集会议的形式不断呼吁社会对老年教育的关注，英国高等教育基金会开始支持高校为老年人提供教育，但缺乏针对老年人的课程，参与人数较少。到 1969 年，英国开放大学成立，老年人可以在家享受到开放性的远程学习资源。第二阶段始于 20 世纪 80 年代，代表性事件是 1981 年英国第三年龄大学的成立，该阶段为老年教育规模扩大做出了重要贡献。与法国不同的是，英国老年教育没有被纳入传统大学的社会科学或教育学院，而是强调第三年龄大学的独立性，主张学习者自助、自我管理的运营模式。英国政府也非常重视老年教育的发展，于 1983 年拨出

100万英镑用于老年教育。[①] 1987年,英国教育与科学部(Department of Education and Science,DES)为成人教育发展部(Unit for the Development of Adult Education,UDACE)提供了资金,促使其与当地教育局一起研究老年教育治理的可行性,老年教育的发展进入兴盛时期。进入90年代,英国老年教育发展进入了第三阶段,英国成人教育的重心开始向技能培训转移,此时教育行政部门不再向老年教育提供资金支持,以第三年龄大学为首的非营利组织成为老年教育治理的主要行动者,老年教育整体规模开始逐步缩小。进入21世纪,老年教育开始了复苏发展的第四阶段,随着学习型社会、学习型城市理念的广泛兴起,老年教育的内涵与外延都得到扩展,非营利组织开始在传统休闲娱乐类教育的基础上丰富老年教育的内容。2006年,随着《年龄歧视法案》的颁布与英国国家成人继续教育研究所相关报告的发布,英国政府开始重新重视老年教育治理行动。截至2018年,英国老年教育中心共有40多万名学员。

表 2-3 英国老年教育的历史变迁

阶段	结构		
	外部环境	治理主体	老年教育发展规模
1969—1981年	通过开放大学支持终身教育与终身学习	政府、开放大学、继续教育学院	开放大学向所有成年人开放教育资源,超450所继续教育学院为老年人提供教育
1981—1997年	《老年教育宣言》明确英国政府拨付100万英镑用于老年教育	第三年龄大学、政府、非营利组织	全国设立超800所第三年龄大学,老年学习者超30万名
1997—2006年	《福莱尔报告》明确提出关注老年群体的学习需求,为其提供支持	高校、非营利组织、第三年龄大学	高校加入老年教育治理行列,强化线上资源建设

[①] Glendenning F. Educational Gerontology: International Perspectives[M]. London: Croom Helm,1985.

续表

阶段	结构		老年教育发展规模
	外部环境	治理主体	
2006年至今	《年龄歧视法案》倡导政府为老年群体提供非职业培训类课程以保障老年人的受教育与学习机会	政府 ↕ 第三年龄大学 ↕ 高校 ↔ 非营利组织	政府重新加入老年教育治理行列，关注老年人非正式学习，40余万名老年人参与老年教育

（四）中国

自20世纪80年代我国第一所老年大学诞生以来，我国老年教育发展共经历了四个阶段（见表2-4）。第一阶段始于20世纪80年代，党的十一届五中全会提出了废除干部任职终身制。1982年，我国成立了中国老龄问题全国委员会（简称老龄委），将老年教育作为成人教育工作的重要组成部分。1983年，中国红十字会山东分会在山东创立了我国第一所老年大学，标志着我国老年教育事业的兴起。1985年，国务院总理李鹏提出"党和政府应该支持老年教育"，政府开始主导在各地建立老年大学、退休干部大学等老年教育机构，最初政府主导、服务退休干部的治理格局形成。90年代，我国老年教育进入面向社会开放的第二阶段，1994年，《中国老龄工作七年发展纲要（1994—2000年）》发布，敦促各地的老年大学、退休干部大学、退休职工大学等公办老年教育机构面向社会老年人招生，不再局限于退休干部教育。1996年，《中华人民共和国老年人权益保障法》中明确提出"老年人有继续受教育的权利，保障老年人的合法教育权是政府、企业、社会力量、家庭和个人应尽的责任"。各地老年大学协会开始成立，非营利组织加入老年教育治理的行列，老年教育治理规模得到了快速的发展，由政府、高校、社会组织共同参与老年教育治理的局面初步形成。21世纪，老年教育进入了大发展的第三阶段，国务院印发了《中国老龄事业发展"十五"计划纲要》，提出各级政府要合理安排对老年教育的投入，动员社会力量因地制宜办好老年教育。民政部在全国建立了3万多所"星光老年之家",老年教育治理规模进一步扩大。《中国老龄事业发展"十一五"规划》《中国老龄事业的发展》陆续发布,各地开始兴建老年大学,较为完备的老年教育治理体系形成。第四阶段的老年教育发展始于2010年,我国老年教育进入增速发展阶段,《国家中长期教育改革和发展规划纲要（2010—2020年）》提出要重视老年教育,各地老年教育事业得到进一步发展。随着各地经济发展水平的提升与人口老龄化规模的不断扩张,市场力量开始介入老年教育治理,我国逐渐形成了以政府为主导,企业、高校、非营利组织共同办老年教育的格局,单一的休闲娱乐类教育开始转向日趋多元化的教育内容与形式。到2020年底,我国建成了8万多所老年大学,拥有1400多万名学习者。

表2-4 中国老年教育的历史变迁

阶段	结构			老年教育发展规模
	外部环境	治理主体		
1982—1994年	废除干部终身聘任制,成立老龄委,将老年教育作为成人教育工作的重要组成部分	政府 ↓↑ 市级老年大学		政府主导在各地建设老年大学、退休职工大学,服务退休干部
1994—2002年	《中华人民共和国老年人权益保障法》明确老年人有继续受教育的权利	政府、老年学院、高校、非营利组织相互关联		老年大学、退休干部大学、退休职工大学等公办老年教育机构开始面向社会老年人招生
2002—2010年	《中国老龄事业发展"十五"计划纲要》提出各级政府要合理安排对老年教育的投入	政府、老年学院、高校、非营利组织相互关联		政府持续投入老年教育,鼓励社会力量参与老年教育治理,全国建立了3万多所"星光老年之家"
2010年至今	《国家中长期教育改革和发展规划纲要（2010—2020年）》提出重视老年教育	政府、企业、老年学院、高校、非营利组织相互关联		全国范围内建成8万多所老年大学,老年学员1400多万人

三、老年教育资源有效供给的主要形式

梳理国际国内老年教育资源有效供给的历史脉络发现，经过几十年的发展历程，各地的老年教育基本形成了公办教育与民办教育相结合的供给状态。其中公办老年教育包含教育部门管辖的高校、老年大学、社区学院等教育机构所提供的有组织、有计划、有固定场所的教育活动，以及文化部门、民政部门等管辖的图书馆、博物馆等公共场馆所提供的讲座、展览、游学等形式的教育活动。民办老年教育主要包含企业办老年大学、非营利性第三年龄大学、养教结合点等有组织、有计划、有固定场所的教育活动，还包含形式相对灵活的社会培训机构所提供的教育活动。

（一）公办老年教育

1. 老年学校教育

老年学校教育指老年大学、第三年龄大学、社区学院、高校等公办教育机构，针对老年人的需求，为老年人学习和休闲活动提供机会和场所，主要涉及老年工作者的培训、退休老年人的休闲活动、志愿者培训及健康教育等内容。由于资源供给主体不同，老年学校教育的管理体制存在一定的差异。早期法国、美国老年学校教育的管理主体是政府，政府自上而下提供老年教育所需的人、财、物、课程等资源，法国与美国的老年大学依托高校、社区学院等高等教育机构，为老年人提供高等教育系统中的课程资源。后期法国和英国的老年学校独立供给，其主要的运转来源是学习者的学费，强调老年群体学习的独立自主性。我国老年大学从 1983 年仅有 1 所发展到今天遍地开花，形成了政府统筹下的省、市、县、街道、社区五级办学网络。不同的管理模式决定了教育资源的来源渠道与整体教育发展的规模不同，比较而言，政府统筹的老年学校教育更具有长期生存和广泛供给的生命力。

2. 老年远程教育

随着技术的发展，大规模在线开放课程（MOOC）作为在线远程学习的主要形式扩大了老年教育资源的供给渠道，其授课方式、授课时间灵活，免费资源充足等特征，让随时随地获取教育资源成为可能。远程教育的缺点在于它必须面对庞大且多样化的受众，无法实现教师与学习者之间的密切接触与互动，但远程教育在帮助出行不便的老年人在家中随时随地学习，减少出行成本方面发挥了重要作用。实际上，最早的正式老年教育资源有效供给始于1951年多纳休开设的一门远程课程"晚年生活：爱好投入工作"，这为老年远程教育的广泛开展奠定了基础。2013年以来，英国开放大学旗下的未来学习公司与众多英国著名大学合作，推出了大量在线老年教育课程，老年人可以在美国的Coursera、Udacityand Edx等知名在线平台上免费学习这些课程，这极大拓宽了资源供给渠道。中国首个开办远程老年教育的学校是空中老年大学，1995年成立于S市，以远程老年教育收视点的形式布局在S市各村、居委会。截至2018年，S市共设有5889个远程老年教育收视点，其中273个分布在养老机构，5616个分布在各街道（村）、居委会，57.82万人参与了老年远程教育活动。

3. 场馆教育

多数老年人的学习是通过非正式和非正规的方式进行的，主要发生在图书馆、博物馆等场馆，而在这些场馆建立之初，教育就是其必备的服务功能之一。1851年，随着万国博览会的成功举办，场馆开始成为提供教育资源的公共教育机构。随着老年人口的不断增多，图书馆、博物馆、体育馆等公共场馆在老年教育中逐渐扮演越来越重要的角色。目前在世界各国，随着老年教育的普及，图书馆、博物馆等场馆大多采取向老年人免费开放，以及提供讲座类课程的方式参与老年教育资源的有效供给，增加老年群体教育资源选择的灵活性与便捷性。

（二）民办老年教育

1. 社会培训机构

社会培训机构（也称为社会学习点），以其对资源响应的灵活性和多样性补充了教育资源的有效供给形式，是市场参与老年教育资源有效供给的主要形式。由于老年教育诞生初期具有福利性，市场力量在最初老年教育资源有效供给中的参与度相对较低。近年来，随着经济水平的不断提高，人口老龄化水平的逐渐提升及教育水平的快速发展，诸多老年人拥有为教育付费的意愿和能力，市场活力逐步得到激发。国内外政府也通过向社会培训机构购买资源、提供帮扶的方式建立公私协作的供给模式。以S市为例，截至2018年，政府共投资支持了104个社会培训机构，投入经费约1600万元，为老年人组织了3076次教育活动，8万余名老年人参与了社会培训机构提供的教育活动。参与老年教育资源有效供给的社会培训机构多为文化艺术类、语言类、职业技术类培训机构。

2. 养教结合点

养老机构作为老年阶段许多老人选择的住养设施，是老年人聚居场所。当前多数养老机构采取养教结合的模式，为居住在养老机构的老年人提供教育资源。随着老年教育的不断发展，各地养老机构开始采取养老与教育一体化的模式，帮助老年人养成健康的生活方式与积极的心态。

3. 非营利组织

非营利组织在老年教育资源有效供给中扮演了重要角色。法国通过建立第三年龄大学国际协会与法国第三年龄大学协会在推进国际范围内第三年龄大学迅速发展方面起到了重要作用。同时，随着政府投入的逐渐减少，法国第三年龄大学逐渐转变为非营利组织，为法国老年人提供教育资源。我国以老年大学协会为首的研究组织也在推动老年教育制度变迁中起到了重要作用；部分老年学习者自发组建的学习团队在老年教育资源有效供给中扮演了重要的角色。例如，为鼓励老年人自发性探索学习资源，S市成立了老年学习团队指导中心，培训了4514个老年学习团队，支持乐龄讲堂、村民周周会、乡村宅基课堂等非营利组织为老年人提供教育资源。S市政府与中国银行S市分行共同打造"中银常青树"老年教育合作项目，为老年人组织了100多个培训班，一方面向老年人提供金融防诈骗知识，另一方面对各类学习团队的组织者进行规范化指导，规范教育资源有效供给渠道。

四、老年教育发展规模变化的条件

（一）外部环境

表2-5中呈现了法国、英国、美国及我国老年教育初期发展情况，不同的社会发展特征及历史背景决定了老年教育治理中不同行动者的角色特征和价值导向。美国的老年教育始于终身学习理念的广泛传播，最初便以法律的形式规定了政府在老年教育治理中的主导地位。法国老年教育诞生于经济发展的黄金时代，快速发展的经济激发了人们的教育需求。在政府财力充足的情况下，老年教育形成了中央集权制的治理模式，政府为高校提供资金支持，鼓励高校为老年人提供教育，因此法国老年教育是由政府主导的福利活动。英国老年教育始于第三年龄大学的建设，第三年龄大学在诞生之初便宣称了其独立于政府和高校，主张从老年群体的内在需求出发，让老年学习者自主选择教育资源，由此奠定了英国老年教育治理以第三方组织为主导，以老年群体需求为导向的模式。撒切尔主义对教育的关注也促使英国政府的教育支出不断增加，政府也为老年教育提供了一定的资金支持，但仍然采取非营利组织主导的资源供给模式。我国的老年教育治理则始于改革开放初期，国家取消了干部任职终身制，当时的老年教育由政府提供，主要目的在于帮助退休干部完成职业生涯的顺利过渡。

表 2-5　老年教育诞生时的环境特征

国家	年份	社会背景	经济水平	人口结构	社会保障	教育支出
美国	1950	民众受教育水平提高，人均预期寿命延长，老年医学教育研究兴盛。成人教育和继续教育运动广泛兴起，终身教育理念受到重视	人均GDP为3573.94美元	老龄化率：9.39%　人均预期寿命：70.17岁　老年人口抚养比：15.58	《社会保障法》修正案扩大了社会保障体系的覆盖群体，养老金水平提高	高等教育毛入学率：41.18%　教育支出占GDP比重：2.19%
法国	1973	就业充分，劳动力供不应求，人们对教育的需求空前高涨，但法国高校暑假闲置率较高，无法为高校学生以外的社会民众提供教育	人均GDP为4834美元	老龄化率：13.40%　人均预期寿命：72.36岁　老年人口抚养比：20.90	财政赤字下降到0.2%，到1974年底甚至出现了58亿法郎的预算盈余	高等教育毛入学率：21.40%　教育支出占GDP比重：3.23%
英国	1981	有关老龄化的政策声明多集中于"积极老龄化""生产性老龄化"或"成功老龄化"，鼓励老年人更多地参与社会活动	人均GDP为9599美元	老龄化率：15.07%　人均预期寿命：74.03岁　老年人口抚养比：23.41	社会保障支出以年均3.7%的增速增长，1980年英国社会保障支出占GDP 9%	高等教育毛入学率：45.75%　教育支出占GDP比重：5.29%
中国	1982	改革开放初期，经济以年均7.8%的增速快速发展。同时干部任职终身制取消，实行退休制度	人均GDP为225美元	老龄化率：5.10%　人均预期寿命：67.95岁　老年人口抚养比：8.18	1978年中国养老保险制度开始恢复，1982年劳动人事部成立，社会保障管理制度逐渐恢复	高等教育毛入学率：2.00%　教育支出占GDP比重：2.62%

图 2-1 以 GDP 年均增长率为判断依据，展示了四个国家在老年教育诞生之后的经济发展水平。我们可以看到在老年教育诞生初期，法国 GDP 年均增长率高达 5.7%，财政盈余充足，此时法国为老年教育提供了 4.8 亿法郎，为全国第三年龄大学的建设提供了资金保障。除了 1975 年，1973—1979 年法国均保持了高于 3% 的 GDP 年均增长率。1981—1986 年，英国 GDP 年均增长率一直保持在 3%，1987 年达到 4.5%。在英国第三年龄大学独立运作的基础上，英国政府依然拨出 100 万英镑支持老年教育的发展。

美国老年教育兴起时 GDP 年均增长率保持在 4.4%，经济形势向好，随后美国 GDP 年均增长率则一直呈现波动趋势，但由于经济基础较好，美国对老年教育的投入一直保持相对稳定的态势。中国在老年教育诞生之后一直保持相对高于西方国家的 GDP 年均增长率，为老年教育治理提供了稳定的支撑。我国老年教育诞生时人均 GDP 只有 225 美元，经济发展水平与西方国家存在较大的差距，但随着改革开放政策的实施，经济增长势头良好，为老年教育的发展奠定了一定的经济基础。综合分析，各国老年教育均诞生于政府财力相对充足、GDP 年均增长率较高、劳动力就业结构稳定的经济增长利好阶段。

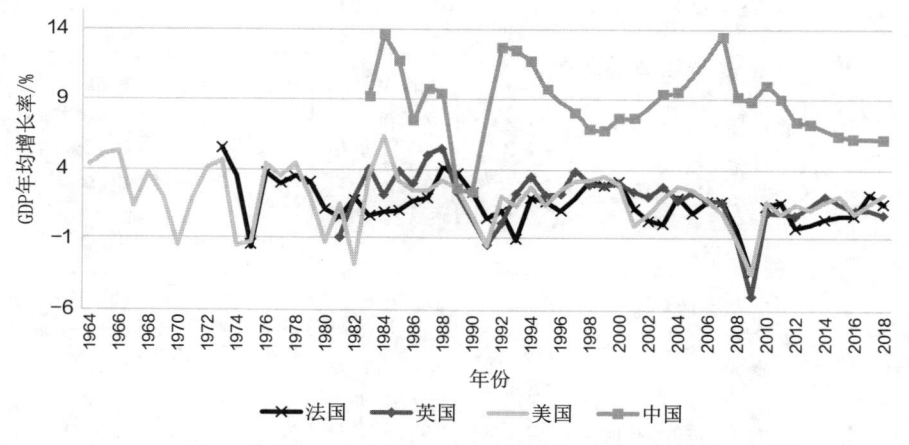

图 2-1　各国老年教育诞生后 GDP 年均增长率变化

从图 2-2 可以看出，1977 年后，法国老年人口的增长率显著下降，1980—1985 年，甚至出现了人口老龄化水平下降的情况，但 1986 年后，人口老龄化水平再次上涨，这在一定程度上解释了为什么法国政府在 1980 年后对老年教育的投入热情下降。除在 1995—2004 年美国出现了老年人口负增长情况外，其他年份均保持了较高的老年人口增长率。而英国在 1991 年后，老年人口的增长率相对较低，人口老龄化水平稳定在 15% 左右，加上英国失业率不断提高，政策多集中于就业技能的培养上，政府在一定程度上忽略了老年教育治理行动。我国老年人口增长率一直保持了较高的水平，且自老年教育诞生之后，老年人口年均增长率高于西方国家。2015年后，我国老年人口增长率超过5%，进入超快速老龄化发展阶段，由此我国政府通过系列性的政策对老年教育治理进行支持。比较分析发现，人口老龄化水平与老年人口的密集程度在一定水平上影响了地区政府与社会对老年问题的关注，也会带来一定程度上的资源倾斜。

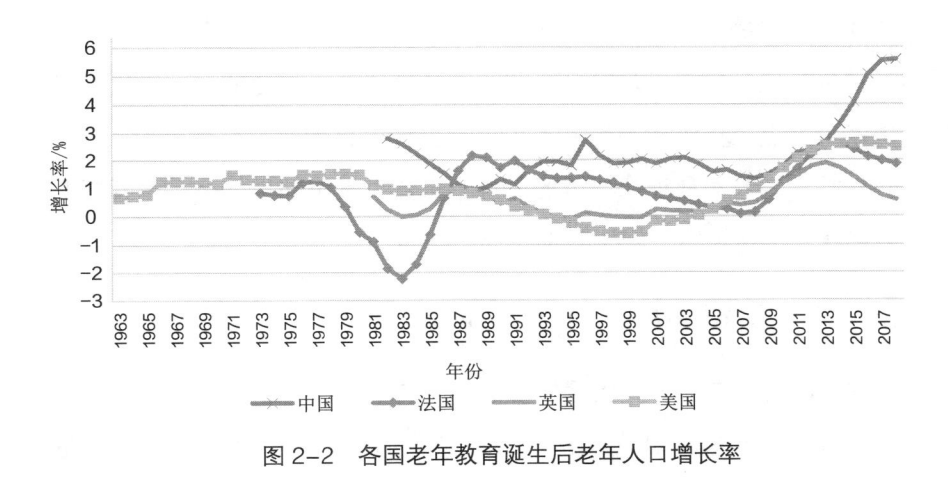

图 2-2 各国老年教育诞生后老年人口增长率

（二）治理主体

老年教育作为一种准公共产品，具有一定的福利性质，在发展初期主要依靠政府投入与非营利组织的参与，收益比相对较低，导致市场参与的主动性相对较差。当政府对老年教育的投资相对充足时，老年教育的发展便可以得到充分的保障，而当政府财力下降时，老年教育的发展会在很大程度上受到限制，这一点在法国老年教育治理过程中十分明显。法国作为世界上第一个建立第三年龄大学的国家，其老年教育与其他教育形式一样，采用中央集权制的管理方式。老年教育从最初的兴盛走向沉寂再到复兴，法国主要经历了财政收入充盈、严重财政赤字、财政赤字率跌破3%的政府财政能力变化过程。老年教育发展受限制于国家社会保障水平的原因在于其资源供给的核心行动者是政府，当社会保障水平开始下降时，老年教育的治理规模也开始出现萎缩。尽管英国在老年教育诞生初期便宣布了老年教育独立于政府，但当政府不再对第三年龄大学投资后，英国老年教育的治理规模同样减小了。而美国和中国自老年教育诞生后，政府对老年教育的投资就一直相对稳定，两国的老年教育治理规模不断扩张。近年来，随着老年教育需求的不断增加，越来越多的老年人开始愿意为教育付费，这吸引了大量的市场力量加入老年教育的治理行列，为老年人提供了更加多样化的教育形式。政府投资的缺乏会导致老年教育的治理规模难以持续扩张，这点在英国政策转向人力资源的开发而忽视老年教育时可见；当政府开始支持非营利组织与市场力量，多方力量协同供给老年教育资源时，老年教育治理规模会保持稳定的增长态势。

（三）老年教育发展规模变化的影响因素

整理不同时期老年教育治理所处的环境与治理主体结构变化发现，老年教育治理规模会顺应社会经济和工业结构的需求，不断地革新与调整（见表2-6）。美国、法国、英国、中国等四国的经济、人口结构不仅决定了老年教育治理的规模与特征，同样也决定了行动者的关系。在经济发展上行阶段，政府会投入大量的人力、财力、物力支持老年教育的发展，老年人口的规模与密度会在一定程度上对政府的投入产生一定影响，而主要决定政府投入的是经济因素。在经济发展下行阶段，政府由于债务原因，难有余力支持老年教育的发展，非营利组织会成为老年教育的治理主体，参与老年教育的治理行动。但是由于非营利组织的收入来源主要是学费，其难以提供大规模的教育资源以适应老年人口的增长，因此，当政府撤出老年教育的投资舞台，老年教育治理的规模会随之缩减。市场力量参与老年教育治理行动始于20世纪90年代，此时老年教育开始变得灵活多元，但市场力量的介入需要一定资本与需求的刺激。

表 2-6 老年教育发展规模变化的影响因素

国家	阶段	外部环境 经济	外部环境 人口	治理主体 政府	治理主体 社会	发展规模
美国	1950—1975 年	↑	↑	↑	—	↑
	1975—1990 年	↑↓↑	↑	↑	↑	↑
	1990 年至今	↑↓↑	↑	↑	↑	↑
法国	1973—1990 年	↑	↑↓	↑↓	↑	↑
	1990—2010 年	↓	↑	↓	↑	↓
	2010 年至今	↑	↑	↑	—	↑
英国	1969—1981 年	↑	↑	↑	↑	↑
	1981—1997 年	↑	↑	↑	↑	↑
	1997—2006 年	↓↑	↑	↓	—	↓
	2006 年至今	↑↓↑	↑	—	↑	↓—↑
中国	1982—1994 年	↑	↑	↑	—	↑
	1994—2002 年	↑	↑	↑	↑	↑
	2002—2010 年	↑	↑	↑	↑	↑
	2010 年至今	↑	↑	↑	↑	↑

注：↑代表增长，↓代表减少，—代表没有变化。

综合分析发现，外部环境与治理主体均为老年教育发展规模的前置条件。环境变量中经济水平提升，会导致治理主体中多方力量的集体行动，扩大老年教育的治理规模；人口规模增长，会在一定程度上促进老年教育中部分行动者的参与投入，但并非决定性因素。治理主体中，政府投入直接决定了老年教育的治理规模，而非营利组织会在经济下行期承担起老年教育治理的主要责任，但是脱离了政府的支持与市场的调节，老年教育治理的规模会出现缩减。老年教育内部治理主体的作用和权力关系调整、冲突与合作、互动与学习都成为老年教育治理结构变化的影响因素，这既取决于既有的制度框架，又取决于个体和社会的需求，但其背后的根本因素仍然是行动主体的权责与利益分配。

五、老年教育资源有效供给的系统特征

老年教育作为一项社会生产，其在生产过程中产生的所有效用性的基础和条件都可以被称为教育资源。传统经济学视角的研究，将之界定为社会为进行各种教育活动所提供的财力、人力、物力条件。[1]但谈及教育，课程这种软性资源则更受关注，强调通过资源本身的吸引力，增加学习者的参与度和利用率。总体而言，老年教育资源中的投入要素包含人力资源、财力资源、物力资源和课程资源。而资源建设之后的分布与投放问题，则是一个关系政治经济结构的模型序列，关系背后的人口、经济等环境要素结构。因此，老年教育资源有效供给作为一项系统性工程，既要探究纵向的教育资源投入问题，也要关注横向的教育资源空间分配问题。

（一）投入要素

1. 人力资源

人力资源指蕴含在个体身上的劳动能力，在不同的行业中表现出不同的内容与类型的特质结构，是有助于个体实现个人价值、提高竞争能力，以及助推单位、城市、国家经济社会发展的个体智慧和体能力量的总和。老年教育中的人力资源主要是为资源供给提供动能的人力总和，通常指各级各类学校所拥有的师资总量与规模，包含教职工数及生师比。

2. 财力资源

财力资源主要是指各级各类学校在提供教育资源过程中需要的资金投入，包含政府的拨款、社会力量的投资、学习者的学费以及其他有偿与无偿的捐赠。作为一项准公共产品，老年教育财力资源的主要来源是政府投资，随着社会经济发展水平的不断提升，社会力量投资的比例也逐渐加大。

---

[1] 韩宗礼.试论教育资源的效率[J].河北大学学报（哲学社会科学版），1982（4）：60-71.

3.物力资源

物力资源是指教育资源供给过程中的固定资产投入，是以物质形态存在的财力资源的转化。在老年教育中，物力资源包含教学场地、图书资料、仪器设备等各级各类学校所拥有的固定资产，以及知识、技术、信息资源等消费性物质材料。

4.课程资源

课程资源是面向学习者提供的传播知识、传授技能的主要途径，既包含课程内容本身，也包含教材、教育信息化手段及有利于实现课程目标的各种因素。[1] 老年教育的课程资源是实施老年教育的关键要素，往往通过课程的数量、结构，优质课程资源的建设及教材的选用等方面进行教学工作评估。

（二）空间布局

进入21世纪，教育领域中家庭、社区等正式和非正式的学习空间发生了明显变化，越来越具有流动性和虚拟性。社会技术的变化导致了传统教育机构之外非正式学习空间和场域的诞生，资源的布局结构发生了变化。同时，西方国家的新自由主义政策议程在一定程度上加剧了公共教育资源区域分布的不平等性，越来越多的学者开始关注教育资源供给的地理区位选择和空间分布结构问题。[2] 资源的空间布局问题究其根本是指资源在一个国家、城市或地区的地理空间分布，可以分为三种：天然形成的空间布局，如矿产资源、土地资源、水资源等；人为规划形成的空间布局，如学校分布、经济特区设立等；以及天然形成和人为规划结合而成的空间布局，如煤矿分布、生产基地分布等。教育资源的空间分布属于人为规划形成的空间布局，其分布的区域差异取决于地区的政治、经济、人口结构

---

[1] 余文森，洪明.课程与教学论[M].福州：福建教育出版社，2015.

[2] Ball S J. Class Strategies and the Education Market: The Middle Classes and Social Advantage[M]. London: Routledge，2003.

等诸多要素。就老年教育而言，老年人口相对密集的区域，对老年教育资源的需求较大，资源的空间布局也会相对密集。

对教育资源空间布局的研究源于社会文化学习理论，社会文化学习理论将学习视为一种社会过程，认为学习是在某个地域环境中，时间、空间和环境的综合作用产物，突出了空间和地点在学习过程中的作用，强调教育与学习的情境性、物质性和社会正义性。[1] 教育资源的空间均衡布局并非指教育活动在区域空间上的完全均匀分布，而是在一定的人口结构与经济发展水平基础上的相对均衡分布。从这个意义上说，教育资源的空间布局，尤其是教育机构的选址是一个关系政治经济结构的模型序列，而且随着教育发展水平的不断提升，教育资源的空间布局变得越来越复杂，需要考虑的区位因素也越来越多。

---

[1] Lemke J L. Across the scales of time: Artifacts, activities, and meanings in ecosocial systems[J]. Mind, Culture, and Activity，2000，7（4）：273-290.

第三章　老年教育资源有效供给的内涵阐释

一、概念的提出

（一）可持续发展理论：发展性的价值导向

可持续发展理念源自 1798 年英国人口学家马尔萨斯（Malthus）在《人口原理》（*An Essay on the Principle of Population*）中对人口增长困境的预测：若不控制人口规模，粮食生产难以匹配人口增长的速度。[①] 罗马俱乐部（Club of Rome）在马尔萨斯的基础上，继续提出人口持续增长将会导致不可再生资源的枯竭与商品价格的上涨。[②] 随着历史的不断发展，马尔萨斯与罗马俱乐部的人口预言并没有实现，[③] 但人类关于增长上限的思考一直没有停止。1972 年，在瑞典斯德哥尔摩举行的人类环境会议上通过的《联合国人类环境会议宣言》警示人们不设限的经济发展将会引发一系列的环境问题，不利于后代的持续发展。[④] 此后联合国大会成立了世界环境

---

① Malthus T R. An Essay on the Principle of Population [M]. London: Pickering & Chatto Publishers，1986.
② Meadows D H, Meadows D L, Randers J, et al. The Limits to Growth[M]. New York: Universe Book，1974.
③ Elliott J. An Introduction to Sustainable Development[M]. London: Routledge，2012.
④ Vogler J. The international politics of sustainable development[M]//Atkinson G, Neumayer E, Agarwala M. Handbook of Sustainable Development. Northampton: Edward Elgar Publishing，2014.

与发展委员会（World Commission on Environment and Development，WCED）于1987年在《我们共同的未来》中正式提出了"可持续发展"（sustainable development）概念。可持续发展指在谋求经济增长的过程中使人口、环境、资源与社会协调发展的能力。[①]进入21世纪，可持续发展从最初关注环境领域转向关注人口、社会、经济、资源等众多领域。2012年，联合国可持续发展大会（UN Conference on Sustainable Development，又称"里约+20"峰会）以实现经济、社会和环境可持续性作为可持续发展的目标。2015年，联合国教科文组织（United Nations Educational, Scientific and Cultural Organization，UNESCO）在可持续发展峰会上依据当前全球发展面临的困境和挑战，提出了17个可持续发展目标（sustainable development goals，SDGs），致力于实现更加可持续的未来蓝图。此外，可持续发展目标四（SDG4）提出了"确保包容、公平的优质教育，促进全民享有终身学习机会"，这标志着终身学习成为可持续发展的关键驱动力。

老年教育资源有效供给作为整个社会终身教育的一个重要环节，旨在建立一个知识循环型结构，通过知识的传播，回应学习者与社会的需求，实现社会参与、可持续发展、改善健康和福祉、减少犯罪和增强社会凝聚力等其他社会目标，挖掘老年教育可持续发展的潜力。因此，对老年教育资源有效供给问题的研究应当以可持续发展理念为基础，探究在老年人口快速增长的背景下，教育资源的发展性评价问题。

（二）空间分析哲学：资源分布的空间正义

空间分析哲学的发展始于20世纪60年代，随后逐渐分化为以福柯（Foucault）、列斐伏尔（Lefebvre）、吉登斯（Giddens）等为代表的哲学家与社会学家开展的空间哲学探究，他们主要站在空间分析的视角研究城市

[①] Brundtland G H, Khalid M, Agnelli S, et al. Our Common Future[M]. Oxford: Oxford University Press, 1987.

空间与社会结构、冲突的关系，开启了哲学意义上的空间转向；以莱恩·贝里（Brian Berry）、大卫·哈维（David Harvey）等为代表的地理学家、城市规划学家开展的地理空间分析研究，将地理学、规划学与城市批判理论相结合，探究城市规划中空间结构的作用，强调政府对权力和资源分配的主导作用。

在哲学、社会学领域，社会阶层、种族之间的权利关系都处于一个社会空间之中，空间是权力实践的场所。1975 年，福柯在《规训与惩罚：监狱的诞生》中提出应当通过对不同社会局部与微观世界的考察分析权力的微观运作。1984 年，吉登斯在《社会的构成：结构化理论纲要》（*The Constitution of Society: Outline of the Theory of Structuration*）中提出，通过时间与空间的表征探究行动者在意义建构过程中的能动作用。[1] 其后，哈维将空间作为基本要素分析社会生活的生产与再生产，倡导转换空间及加快人们的生活节奏，使资本主义的增长得到实现。[2] 列斐伏尔则将人类的生存方式划分为空间中对象的生产（the production of things in space）与空间本身的生产（the production of space itself）问题，关注空间的表征与形成。[3]

在地理空间分析领域，1964 年，劳锐（Lowry）将区域划分成 1 平方英里（1 英里 ≈ 1.609 千米）大小的片（tracts），以向量和矩阵的形式找到居住区到资源供应区之间出行方式的最优算法，得出了劳锐算法（Lowry Algorithm）。1965 年，贝里（Berry）提出应用对数量关系的解析，将城市商业空间划分为不同类型的商业区，从地理区划特征的角度解构了城市的

---

[1] Giddens A. The Constitution of Society: Outline of the Theory of Structuration[M]. Oakland: University of California Press，1984.

[2] Harvey D. Between space and time: Reflections on the geographical imagination[J]. Annals of the Association of American Geographers，1990，80（3）：418-434.

[3] Lefebvre H, Nicholson-Smith D. The Production of Space[M]. Blackwell: Oxford，1991.

空间形态。[①]克里斯泰勒（Christaller）在贝里的基础上进一步拓展了空间研究背后的经济规律，提出了中心地理论。[②]梳理地理空间分析方面的研究发现，多元回归分析、区位配置模型、空间句法、GIS（地理信息系统）空间分析等多样化的研究方法致力于对空间关系规律的研究。20世纪50年代，城市学家多采用多元回归分析法进行地理选址，到了80年代，概率模型与邻域统计的方法开始流行。1979年，李（Lee）应用概率模型和最近邻域统计分析，研究了不同类型零售店的区位影响。[③]1986年，博格斯（Borgers）通过目的地选择、购物路线和计划外停留的子模型构建了消费者出行的描述模型。[④]区域配置模型最早源于1909年韦伯（Weber）提出的韦伯区位理论，[⑤]20世纪60年代后得到广泛发展，学者不断发展对于最短距离问题的研究。2012年，美国环境系统研究所（Environment System Research Institute）将区位配置模型加入了ArcGIS分析平台，用于分析复杂问题。空间句法研究源于20世纪80年代比尔·希列尔（Bill Hiller）对空间与社会问题的研究，其在《空间的社会逻辑》（*The Social Logic of Space*）一书中提出了空间句法，通过分析路网来解释人们在城市生活中的活动形式，用于解释公共空间的运作方式。[⑥]GIS空间分析则发端于20世纪60年代汤姆林森（Tomlinson）建立的加拿大地理信息系统（CGIS），用于自然资源的管理与规划。20世纪80年代，信息技术不断发展，地理空间分析研究不断跃进，融合了多种地理分析技术，开始逐渐被应用于城市规划、空间布局、资源配置等领域。

---

① Berry B J L. Research frontiers in urban geography: An appraisal and critique of recent trends in qimntification in urban geography[J]. The Study of Urbanization，1965，3（3）：403-430.
② Christaller W. Central Places in Southern Germany[M]. Englewood Cliffs: Prentice Hall，1966.
③ Lee C H. British Regional Employment Statistics, 1841-1971[M]. Cambridge: Cambridge University Press，1979.
④ Borgers A, Timmermans H J P. City centre entry points, store location patterns and pedestrian route choice behaviour: A microlevel simulation model[J]. Socio-economic Planning Sciences，1986，20（1）：25-31.
⑤ Weber A. Ueber Den Standort Der Industrien[M]. Lavergne: Nabu Press，2011.
⑥ Hillier B, Hanson J. The Social Logic of Space[M]. Cambridge: Cambridge University Press，1989.

随着年龄的增长，老年人的健康成本开始逐渐加大，影响教育资源有效供给的关键因素是老年人的出行成本与交通的便利性。因此，本书在综合考量空间分析哲学的分化与发展后，选择空间地理学派的最短路径测算方法，分析如何在最便捷的范围内为老年群体有效供给教育资源。同时，基于人口的密度特征，探讨老年教育资源在不同的城市区划中分布的公平性与均衡性问题。

（三）系统论：资源供需系统的耦合分析

系统论起源于康德（Kant）对知识系统性的思辨，他认为知识是不同要素结构有秩序组合的整体。[1] 贝塔朗菲（Bertalanffy）提出一般系统论（general systems theory，GST），认为系统是由不同要素相互整合形成的不可分割的整体结构。随着研究的不断增多，20世纪60年代后，系统论逐渐分化为耗散结构论、协同学、超循环理论等来揭示系统的运动和演化。普利高津（Prigogine）提出"耗散结构"，认为系统是基于自发组织从混乱无序逐渐转化为有序的状态。哈肯（Haken）提出的"协同学"，通过子系统之间的相互关系与运动变化规律进一步解释了复杂系统的状态。[2] 我国学者钱学森于1981年将马克思主义哲学与系统学结合起来探讨了系统观的形成，[3] 提出社会系统主要由三个子系统组成：经济、意识、政治。系统的基本特征表现为整体性、相关性和层次性，其中整体性是系统的首要特征，指要素之间相互作用而形成整体；相关性是指系统内各要素始终存在一种相互联系、相互作用的关系，一个要素发生变化，另一个要素必然也会发生变化；层次性则表现为系统内部的多层有机结构，一个系统可以被划分为多个由不同要素组成的子系统，子系统之间存在着能量互换与相互制约。

---

[1] 李泽厚. 批判哲学的批判：康德述评 [M]. 天津：天津社会科学院出版社，2003.
[2] 魏宏森. 系统科学方法论导论 [M]. 北京：人民出版社，1983.
[3] 钱学森. 系统科学、思维科学与人体科学 [J]. 自然杂志，1983，4（1）：3-9.

本书将老年教育资源有效供给看作一个整合性的系统，基于系统论的分析思想，将老年教育资源有效供给体系拆解成不同的要素与子群，探索老年教育资源有效供给体系中要素之间的相互关系。主要将老年教育资源有效供给体系拆分成供给系统与需求系统两个子系统，探究子系统内部的要素结构及系统之间的相关性。具体而言，供给系统包含老年教育资源有效供给的总量结构与空间分布结构两个要素群，总量结构涉及人力资源、物力资源、财力资源、课程资源的投入结构，空间分布结构则涉及承载资源的机构在空间上的布局特征。需求系统包含老年个体的需求水平与社会的需求状态。二者之间的相关性采用物理学领域的"耦合"（coupling）[①]概念进行测算，解析供给系统与需求系统之间的相关结构，从而反映老年教育资源供给的有效性水平。

二、老年教育资源有效供给的核心概念阐释

（一）老年

老年阶段的起点界限伴随着社会结构的发展变化而不断调整，世界范围内最早对"老年"概念的界定出现于1900年瑞典人口学家桑巴特（Sundbärg）的《人口年龄分类与死亡率研究》，该书将50岁及以上的人口界定为老年人。1956年，伴随着发达国家人均预期寿命的延长，联合国发布的《人口老龄化及其社会经济后果》分别将60岁及以上人口所占比重达到或超过10%和65岁及以上人口所占比重达到或超过7%确定为衡量发展中国家和发达国家人口老龄化的标准。1982年，维也纳老龄问题世界大会将60岁及以上的人口定义为老年人，2002年召开的第二次老龄问题世界大会通过的《马德里老龄问题国际行动计划》，同样把老年人口的年龄起点定

[①] 耦合最初是指两个或两个以上系统或运动形式通过各种相互作用而彼此影响的机制，具有系统自组织性、协同性和可测量性特点。

为60岁。《中华人民共和国老年人权益保障法》将年满60周岁及以上的公民定义为老年人，用法律的形式明确了老年人的年龄起点。因此，本书所涉及的老年群体是60岁及以上的公民，前述分析中以65岁及以上老年人为研究对象是为了统一数据统计口径，用于与发达国家人口老龄化水平进行横向比对。

（二）老年教育资源

教育资源最初源自经济学视角的研究，通常被界定为各种教育活动所提供的财力、人力、物力条件。[①]《教育大辞典》将之界定为一种"教育经济条件"，包含教育过程中所消耗的人力资源、物力资源和财力资源以及与教育的历史经验或有关教育的信息资料。[②] 科恩（Cohen）、罗登布什（Raudenbush）等研究了资源对教学质量的影响，倡导对教学实践、教学过程、策略及所需要的背景进行关注，认为环境对资源产生了重要的影响。[③] 我国学者陈振华和祁占勇将教育资源界定为包括了人力、物理环境及以教材为主体的文本信息等三种资源形式的综合体。[④] 王伟清提出教育资源除了传统的人力、财力、物力资源外，还包括课程资源、人文性教育资源和时间性教育资源等。[⑤] 黄燕东将老年教育中教师的经验、能力，以及学校声誉定义为存量，人力、资金、物力定义为流量。[⑥] 本书对老年教育资源的界定采取广义的范畴，凡是在开展老年教育过程中，满足教育教学活动需求的基础与条件均可称为老年教育资源，具体包含：人力资源、财力资源、物力资源与课程资源。

[①] 韩宗礼. 试论教育资源的效率 [J]. 河北大学学报（哲学社会科学版），1982（12）：60.
[②] 顾明远. 教育大辞典（简编本）[M]. 上海：上海教育出版社，1999.
[③] 科恩，罗登布什，保尔，等. 资源、教学与研究 [J]. 华东师范大学学报（教育科学版），2001（4）：32-52.
[④] 陈振华，祁占勇. 优质教育资源发展论 [M]. 杭州：浙江大学出版社，2015.
[⑤] 王伟清. 论基于需求的教育资源配置系统观 [J]. 教育与经济，2010（1）：46-50.
[⑥] 黄燕东. 老年教育：福利、救济与投资 [D]. 杭州：浙江大学，2013.

（三）有效供给

"供给"（supply）在《辞海》中作解为供应给养，使不匮乏，亦作"共给"。经济学视野中的供给是指在一定的时期内，资源供给方提供资源的意愿、数量与能力。[①] "有效供给"（effective supply）则被界定为资源供给方依托一定的社会生产条件所能够提供的最大化的产品数量结构，其背后隐含的是资源供给的效率问题。亚当·斯密将消费资源的人群所表现出来的需求状态界定为有效需求，有效需求量决定了商品的供给量。马克思在分析供需问题时提出，商品必须要有社会价值才会为人们所消费，且消费者必须有相应的支付意愿，否则就无法构成有效供给。因此，本书认为，有效供给的基本原则在于供求关系的平衡，通过资源供给最大化满足用户的需求。

（四）老年教育资源有效供给

教育资源的有效供给是通过人力、物力、财力、课程等资源，满足学习者学习需求的过程。老年教育作为终身教育面向老年人开展的关键环节，与其他类型的教育活动一样，是基于个体的学习需求与社会的发展需求所开展的有组织、有目的的教育活动。在人口老龄化快速发展、人均预期寿命不断延长、劳动力就业结构不断调整及教育发展水平不断提高的背景下，老年教育的主要目的在于满足老年人学习需求，保障老年人学习权益，防止其被边缘化，实现老年人的独立、健康和以及适应经济、社会发展需求，促进人类社会的可持续发展。这类教育活动需要资源的持续投入才能够产生效果，因此探讨老年教育资源有效供给问题愈加重要。老年教育资源的有效供给问题并非纯粹的供给效率问题，而是将老年教育资源的投入放置在一定的经济、社会、文化发展环境之下，多角度考察教育资源

---

① 潘连柏，胡丹，嵇毅.经济学基础[M]. 2 版.武汉：武汉理工大学出版社，2017.

对老年群体,以及对社会政治、经济、文化发展需求的满足程度。①

三、老年教育资源有效供给的概念表征框架

如图 3-1 所示,老年教育资源有效供给是指在不同经济社会背景下,老年教育资源的供给状态与区域社会发展对老年教育的需求状态及区域中老年人对教育资源的需求状态之间的一致性程度,包括资源供给和资源需求两大系统。其中,资源供给系统包含不同教育机构中人力资源、物力资源、财力资源、课程资源的投入结构。资源需求系统包含个体层面与社会层面的需求,个体层面包括不同学习者所表现出的通过教育和学习提升主观幸福感、身心健康、独立性,实现社会参与等方面的目的性需求,对学习内容、学习形式、课程资源等方面所表现出的内容性需求。社会层面则包括国家和地方政府对通过老年教育资源有效供给减轻社会负担与促进经济社会发展方面的治理诉求。理想状态下,老年教育资源供需系统是一个供需紧密耦合的结构。老年教育资源有效供给是指以教育需求的满足程度为判断依据,适应经济社会发展的需求,满足、适应和引导主体的教育需求,提高教育资源使用效率,达到教育供给的最优化。②为更进一步测量老年教育资源有效供给的水平,本书依据老年教育资源有效供给的内涵,将之拆解为供给充足性、空间均衡性和供需耦合性三个方面的子问题进一步解析。

---

① 吴宏超.有效供给:义务教育发展的新走向[J].广州大学学报(社会科学版),2008(5):32-36.
② 张意忠.高等教育的有效供给及其衡量标准[J].社会科学家,2017(9):119-123.

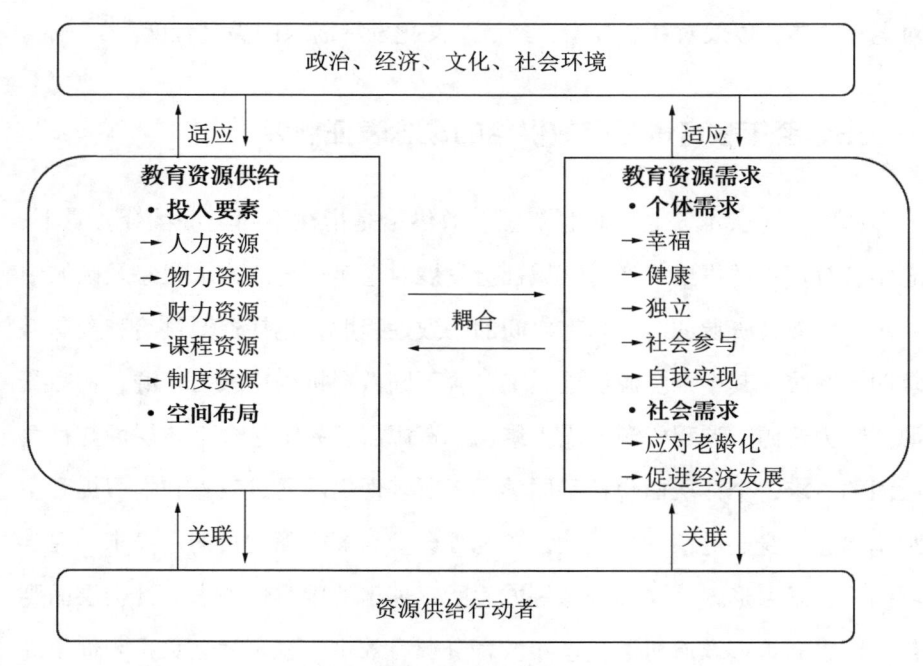

```
┌─────────────────────────────────────────────┐
│         政治、经济、文化、社会环境              │
└─────────────────────────────────────────────┘
     ↑适应↓                      ↑适应↓
┌──────────────────┐        ┌──────────────────┐
│  教育资源供给      │        │  教育资源需求     │
│ • 投入要素        │        │ • 个体需求       │
│   →人力资源       │        │   →幸福         │
│   →物力资源       │ ←耦合→ │   →健康         │
│   →财力资源       │        │   →独立         │
│   →课程资源       │        │   →社会参与     │
│   →制度资源       │        │   →自我实现     │
│ • 空间布局        │        │ • 社会需求       │
│                  │        │   →应对老龄化    │
│                  │        │   →促进经济发展  │
└──────────────────┘        └──────────────────┘
     ↑关联↓                      ↑关联↓
┌─────────────────────────────────────────────┐
│              资源供给行动者                  │
└─────────────────────────────────────────────┘
```

图 3-1 老年教育资源有效供给概念体系

在分析了老年教育的目的与功能的价值导向、老年教育的历史发展脉络及老年教育的现实挑战后，本书就老年教育资源的有效供给问题进行探索，即何种供给样态符合人口老龄化快速发展的背景，如何有效供给老年教育资源等问题。

（一）人口结构与老年教育资源供给充足性

前述分析发现，不论是全国还是 S 市，老年人口数量和占比都在持续增加。尽管老年教育中的人力、财力、物力资源不断丰富，但人均资源占有量并没有得到显著提高。以 S 市公办老年教育机构中的班级数量为例，2018 年 S 市公办老年教育机构中的班级数量是 1996 年的 42 倍，班级数量显著提升，班级服务压力也从 2459 人/班，下降到了 121 人/班，资源供给紧张问题得到有效缓解。2011—2018 年，公办老年教育机构增设了

21709 个班级，但班级服务压力仅下降了 70 人 / 班，老年人口基数的上涨导致班级服务压力下降所需要的资源基数越来越大，在未来老年人口快速增长的背景之下该问题将更加凸显。因此在解析老年教育资源有效供给问题时，纯粹的资源投入总量无法反映老年教育资源有效供给的水平，需要根据老年人口基数，对人均资源拥有量进行观测。

资源供给充足性是指在一定的政治、经济背景，以及人口规模下，为使一定领域内的活动达到最佳秩序，所提供的资源总量结构对社会发展要求的满足程度，是保障教育公平与正义的基石。[1] 经济合作与发展组织在研究终身教育的基本原则时，提到的第一条原则便是通过高质量和充足的教育资源使学习贯穿人们的一生。2016 年，国务院发布的《老年教育发展规划（2016—2020 年）》中也明确提出老年教育的基本原则是在一定时期内为每一个老年人提供足够的受教育权利，努力让不同年龄层次、文化程度、收入水平、健康状况的老年人均有接受教育的机会。伴随着人口老龄化水平的不断提升，老年教育的参与率目标对老年教育资源供给总量提出了更高的要求。因此，资源供给充足性是多因素共同影响的结果，包含会起到支撑、助力作用的要素（如科技进步、经济发展、政策支持等），也会包含可能起到阻碍甚至是制约作用的要素（如经济落后、空间限制、制度不完善等）。

（二）资源布局与老年教育资源空间均衡性

人口空间分布受到了地区经济发展水平、自然地理条件、居住政策条件等要素的影响，在空间范畴内表现为人口密度的差异性分布。经济相对落后地区的青壮年向经济发达地区迁移会导致迁出地区老年人口比例的提升，如 S 市的 P 区，人口老龄化水平甚至超过了近郊区。空间数据分析发现，尽管 P 区人口老龄化水平偏高，但其老年人口密度并不高。老年人口

---

[1] 谢桂平. 中国教育资源有效供给问题研究 [D]. 长沙：湖南大学，2015.

密度直接关系到老年教育机构的选址问题,人口密度高的地区,老年教育机构的分布也相对密集,这样才能够满足老年人口的学习需求。此外,在老年阶段,年龄的增长可能带来老年人健康水平的下降与出行成本的提高,老年教育机构选址首要关注的要素便是在一定的需求背景下,老年人从居住地点到学习地点的便捷性问题。因此,在老年教育资源有效供给问题的研究上,空间分异问题是分析供给问题的一个重要方面,也是反映不同的空间状态下,老年教育资源分布公平性的关键要素。

"均衡"是源于物理学领域的概念,表示物体受到大小相等、方向相反的相互作用力时所处的状态。在早期的区域经济学研究中,韦伯和帕兰德等把空间内经济活动之间形成的某种静止的分布状态当作空间均衡。1968年,泰茨(Teitz)在新古典主义经济学的基础上提出了一种新的区位理论,关注在平衡效率与公平的前提下,如何更好地布局城市公共设施。[1] 其后地理学家和区域科学家开始将区位理论的焦点转移到更广泛的政治、经济和社会背景中,根据距离、模式、空间可达性等要素研究资源在空间分布上的公平和均衡问题。[2]

延伸到教育资源的研究领域,教育资源供给的均衡状态即在一定的时间与空间环境下,供给体系与需求体系相对稳定,平等的受教育权利不仅体现在老年人的入学条件和教育参与机会上,还表现在资源空间分布的均衡性上。空间均衡是社会正义的基本内容,也是重建空间秩序的核心要求。区域的空间要素包含区域面积、设施分布等,教育资源的空间分布主要是指各类教育机构的空间位置、辐射区域、资源服务能力等要素在不同区位空间中的结构形态。S市老年教育资源有效供给中的行动者包含政府、高校、非政府组织、企业,提供老年教育资源的机构包含老年大学、敬老

---

[1] Teitz M B. Toward a theory of urban public facility location[J]. Papers in Regional Science, 1968, 21 (1): 35–51.

[2] Pacione M. Access to urban services—the case of secondary schools in Glasgow[J]. Scottish Geographical Magazine, 1989, 105 (1): 12–18.

院、学习社团、社会培训机构等。老年教育资源的空间分布主要是指以上各类机构的空间位置、辐射区域及便捷性。尤其对于老年人而言，伴随着年龄增长，出行阻力逐渐增大，教育机构交通的便捷性成为教育资源选址的重要参考依据。本书选用空间均衡性分析法，意在探究老年教育资源有效供给中的可及性与公平性问题。

（三）目标定位与老年教育资源供需耦合性

在对老年群体的教育参与水平与学习内容需求的分析中发现，老年群体的教育需求与可自由支配时间、教育支付能力及健康状况之间存在一定的关联。处于第三年龄阶段的老年人表现出较积极的教育参与状态，随着年龄的不断增长进入第四年龄阶段后，老年人的教育需求出现一定程度的下降，但依然存在一定的教育需求。处于第三年龄阶段的老年人多关注独立自主能力的培养及退休角色的适应，意在对抗老化，为进入第四年龄阶段做准备。处于第四年龄阶段的老年人则更多关注健康问题。因此不同年龄阶段、不同条件状况的老年人口在对教育资源的需求上存在一定的差异，在进行教育资源供给时，应当考虑到个体需求的差异性，合理地满足不同群体不同的教育需求。与此同时，在不同的人口规模与社会发展背景下，对老年教育资源的需求也存在一定的差异性，老年人口较多、劳动力人口充足且经济繁荣的地区对老年教育资源的需求倾向于休闲娱乐活动与实现独立自主生活等内容；老年人口较多、劳动人口较为缺乏的地区则倾向于老年人力资源开发，依靠人口二次红利激发城市经济发展动力。因此，不同的个体需求与社会需求决定了教育资源供给的方向，这也是分析教育资源供给有效性程度的重要因素。

在人口快速老龄化的时代背景之下，老年教育资源对需求的响应问题值得关切。如前所述，老年教育的个体需求和社会需求是相互交织的，公平和正义的价值观推动了资源有效供给中对所有老年人和社会诉求的关注，以及促进个人发展、增强社会凝聚力和实现经济繁荣。为合理探究老年教育资源有效供给对需求的响应程度，本书引入物理学领域的"耦合"概念对老年教育资源有效供给与需求之间的契合程度进行测量。

四、老年教育资源有效供给的测量框架

对老年教育资源的研究，不仅关注资源投入与产出的关系，更应该关注资源投入对老年人的教育价值。对文献及各国实践案例进行梳理发现，老年教育资源供给体系存在较强的系统性，资源供给的行动主体与国家的政治体制存在显著性关联，资源供给的内容与国家政策导向及劳动力市场结构有较强的结构关联。但总体而言，老年教育资源有效供给的内容伴随着整个世界政治、经济格局的变化，从最初的休闲娱乐型教育转向休闲娱乐与人力资本二次开发相结合的多样化教育。在测量老年教育资源供给有效性问题时，需要合理反映不同经济社会背景下，社会及老年个体的需求水平，科学地评测老年教育资源供给的内容、结构，推动老年教育资源因地制宜地动态调整供给结构。这就要求老年教育资源供给有效性指标的选取要符合系统性、科学性和可测量性等标准。

（一）老年教育资源供给充足性

如表3-1所示，对于教育资源供给总量的研究，程仙平提出从财政投入、人力资本、基础设施和技术服务四个方面评价资源供给总量。陈振华和祁占勇通过人力、环境以及以教材为主体的文本信息计算教育资源供给总量。金德琅采用人力投入、物力投入、财力投入、教育质量、人力资源增量、财力/物力资源增量来计算老年教育资源的投入总量。谢桂平采用纯经费投入的方式进行表征，即以教育经费占GDP的比例作为教育资源供给充足性的测量指标。孟兆敏则采用生均校舍面积和师生比来反映教育资源供给的充足性。

表 3-1　供给充足性相关评价指标

指标	相关作者
财政投入、人力资本、基础设施和技术服务	程仙平[1]
人力、环境以及以教材为主体的文本信息	陈振华、祁占勇[2]
人力、财力、物力资源、课程资源、人文性教育资源和时间性教育资源	王伟清[3]
人力投入、物力投入、财力投入、教育质量、人力资源增量、财力/物力资源增量	金德琅[4]
教育经费占 GDP 的比例	谢桂平[5]
生均校舍面积、师生比	孟兆敏[6]

本书对教育资源供给充足性的界定满足了个体学习需求与社会发展需求，从人力资源、财力资源、物力资源和课程资源供给的角度衡量公办老年教育机构（老年大学、社区学院等）、民办老年教育机构（养老机构、社会培训机构等）的资源供给水平，以人均资源占有量为观测点（见表 3-2），通过计算各要素层对资源总量贡献的程度，进行加权平均计算，得出教育资源的供给总量。以供给总量与人口结构的耦合性，判断老年教育资源供给的充足性。

表 3-2　老年教育资源供给充足性测量指标

结构层	要素层	指标层	计算方式	编号
公办教育	人力资源	生师比	学生数/教师数	A_1
		班师比	班级数/教师数	A_2
	物力资源	人均校舍面积	校舍面积/学生数	A_3
		人均座位数	座位数/学生数	A_4
	财力资源	人均教育经费	经费投入/学生数	A_5
		教育经费占 GDP 比重	经费投入/GDP 总量	A_6

---

[1] 程仙平.老年教育公共服务体系的构建逻辑与图景——基于新公共服务理论视角 [J].河北师范大学学报（教育科学版），2019，21（4）：95-100.

[2] 陈振华，祁占勇.优质教育资源发展论 [M].杭州：浙江大学出版社，2015.

[3] 王伟清.论基于需求的教育资源配置系统观 [J].教育与经济，2010（1）：46-50.

[4] 金德琅.老年教育经济学 [M].上海：同济大学出版社，2014.

[5] 谢桂平.中国教育资源有效供给问题研究 [D].长沙：湖南大学，2015.

[6] 孟兆敏.快速城市化背景下城市公共服务配置的有效性评价 [D].上海：华东师范大学，2013.

续表

结构层	要素层	指标层	计算方式	编号
公办教育	课程资源	线下课程资源利用率	各类课程参与人数（加权平均）	A_7
		线上课程资源利用率	学生数/收视点数	A_8
		资源服务压力	60岁及以上人口数/班级数	A_9
民办教育	人力资源	生师比	学生数/教师数	A_{10}
		班师比	班级数/教师数	A_{11}
	物力资源	人均校舍面积	校舍面积/学生数	A_{12}
	财力资源	人均教育经费	经费投入/学生数	A_{13}
	课程资源	培训课程利用率	参与人数/教育活动数	A_{14}

（二）老年教育资源空间均衡性

关于空间均衡性的研究多集中于对空间可达性的研究，即学习者克服距离、时间和费用等阻力到达某个老年教育机构的愿望和能力。老年教育机构要想被充分利用，激发老年群体的参与热情就需要具备便捷性。表 3-3 汇总了空间均衡性研究的主要指标，最初空间可达性被应用于研究公共产品供给结构的空间分布中。1998 年，塔伦（Talen）在研究公共产品空间均衡性时，探讨了教育资源空间可达性及服务范围，提倡通过直线距离考量教育机构的空间可达性。[①] 莫里尔（Morrill）在研究学校分布的区位公平中采用投入规模、空间位置、交通可达性等要素来衡量教育资源空间分布的均衡性，[②] 随后教育资源供给开始引入空间分析的视角。我国学者近十年也应用空间分析的手段探究了学前教育、基础教育、公共文化服务、医疗资源供给等领域的问题，所用到的分析方法包含空间可达性、资源服务压力、基尼系数、资源分布密度等。

[①] Talen E, Anselin L. Assessing spatial equity: An evaluation of measures of accessibility to public playgrounds[J]. Environment and Planning A, 1998, 30 (4): 595–613.
[②] Morrill R. Applied geography in the provision of educational services[M]//Bell T L. WorldMinds: Geographical Perspectives on 100 Problems. Dordrecht: Springer, 2004.

表 3-3 空间均衡性相关评价指标

指标	相关作者
设施可达性、服务水平差异性	Bach[1]
空间可达性	Talen[2]
投入规模、空间位置、交通可达性	Morrill[3]
就学指数、择校指数、教育质量均衡指数	卢晓旭[4]
基尼系数（教师数、在校生数、师生比、教育经费、生均经费）	刘华军等[5]
阻抗、服务半径、方向	李苒[6]
资源承载力、交通因素、最短距离	刘少坤[7]
理论服务人口、实际服务人口、服务半径、优质设施配置、空间可达性	鲁静[8]
资源密度、班级服务压力	郑楚楚等[9]
空间可达性、服务半径、路径耗时	贺建雄[10]

诚如泰勒在研究中提出，老年人更有可能在白天参加离家近、交通方便的课程。因此在探究老年教育资源供给的空间均衡性问题时，选择最短距离函数测算老年人从居住地点到老年教育机构的距离，筛选研究区域内空间距离的最小值与均值来反映公办老年教育机构与民办老年教育机构的空间可达性（见表3-4）。由于空间可达性问题关联老年人口的空间分布问题，本书采用区域老年人口分布权重对老年教育机构的空间可达性进行进一步的加权计算。

---

[1] Bach L. Locational models for systems of private and public facilities based on concepts of accessibility and access opportunity[J].Environment and Planning A，1980，12（3）：301-320.
[2] Talen E, Anselin L. Assessing spatial equity: An evaluation of measures of accessibility to public playgrounds[J]. Environment and Planning A，1998，30（4）：595-613.
[3] Morrill R. Applied geography in the provision of educational services[M]//Bell T L. WorldMinds: Geographical Perspectives on 100 Problems. Dordrecht: Springer，2004.
[4] 卢晓旭.基于空间视角的县域义务教育发展均衡性测评研究[D].南京：南京师范大学，2011.
[5] 刘华军，张权，杨骞.中国高等教育资源空间分布的非均衡与极化研究[J].教育发展研究，2013，33（9）：1-7.
[6] 李苒.西安市城区基础教育资源配置与空间布局的均衡性研究[D].西安：西北大学，2014.
[7] 刘少坤.基于GIS的城市医疗资源空间配置合理性评价及预警研究[D].长沙：湖南农业大学，2014.
[8] 鲁静.公共文化服务供给有效性的空间评价与空间机制研究[D].上海：华东师范大学，2017.
[9] 郑楚楚，姜勇，王洁，等.公办学前教育资源区域配置的空间特征与均衡程度分析[J].学前教育研究，2017（2）：17-26.
[10] 贺建雄.西安城市居民日常生活空间供需耦合研究[D].西安：西北大学，2018.

表 3-4　老年教育资源空间均衡性测量指标

结构层	要素层	指标层	数据获取方式	编号
空间均衡性	公办老年教育机构空间可达性	公办老年教育机构最短距离	最短距离函数加权	B_1
		公办老年教育机构平均最短距离	平均距离函数加权	B_2
	民办老年教育机构空间可达性	民办老年教育机构最短距离	最短距离函数加权	B_3
		民办老年教育机构平均最短距离	平均距离函数加权	B_4

（三）老年教育资源供需耦合性

资源供给的前提是对需求要素的回应与满足，因此在研究资源供需耦合性问题之前，需要挖掘老年人在不断变化的世界中对教育资源的需求，并合理评估学习在他们生活中的意义。[1]舒勒和博斯汀在梳理英国第三年龄调查报告时发现，在50岁及以上的人群中，约有2/3的人在15岁离开学校教育或更早；50岁至60岁之间的人中有60%从未获得任何正式资格，而且参加继续教育的机会很少；50岁及以上的人中大约有1/10参加了正式学习，至少有150万老年人参与了非正式学习活动。[2] 1996年，NIACE对英国成人学习参与的调查表明，65岁及以上年龄组中只有不到1/5的人参与了学习，证明了老年学习资源的不平等与不充足现象。[3]费希文（Fisher）在调查中发现，老年人有许多学习需求，可以通过正式、非正式和非正规的学习模式来满足。其学习需求主要包含再就业、识字、计算机和媒体素养、健康与保健、个人利益与发展、休闲旅游、认知发展等。教育的需求量与影响教育发展的诸多要素之间存在一定的关联性，从经济学角度对教育资源需求函数的计算多关注社会与个体两个不同层面对教育的需求程度。对相关研究进行梳理发现（见表3-5），社会层面多关注政府的财政支

---

[1] Withnall A. The debate continues: Integrating educational gerontology and lifelong learning[M]// Glendenning F. Teaching and Learning in Later life: Theoretical Implications. London: Rontledge, 2000.

[2] Schuller T, Bostyn A-M. Learning: Education, Training and Information in the Third Age[M]. Dunfermline: Carnegie UK Trust, 1999.

[3] Schuller T, Bostyn A-M. Learning: Education, Training and Information in the Third Age[M]. Dunfermline: Carnegie UK Trust, 1999.

出水平、社会的发展水平、人口结构水平等要素；个体层面多关注个人或家庭的教育成本支付能力、个体的学习潜力、家庭收入水平等要素，这为本书老年教育资源需求函数的提出提供了参考依据。

表 3-5 教育需求函数

指标	相关作者
中等收入人口需求量	Goldstein 等[1]
收入、种族、教育支出	Rubinfeld 等[2]
消费性需求（智力、收入、教育费用）、投资性需求（家庭收入及教育融资能力、教育费用、利息率）、政府需求（国民收入）、净出口函数（国民收入增长）	Bach[3]
依据行业人口矩阵计算就业需求	张磊[4]
个体需求（天赋能力、教育成本、预期收益率、家庭收入水平、消费者偏好、政府教育政策）、社会需求（教育的社会成本与收益率、科学技术与社会经济发展水平、人口数量与结构、国家经济政策）	柯佑祥[5]
教育价格	康伟等[6]
家庭因素、个人因素、上学成本、预期收益	毛盛勇[7]

根据前述分析，老年人的自由支配时间与收入水平对老年教育参与率存在重要影响。根据经济学对教育需求函数的分析，教育支出意愿同样是考察老年个体教育需求水平的重要因素。在考察个体层面的需求时，本书将可支配时间、收入水平、教育支出意愿列为教育支付能力的考察因素。而教育资源的认可度决定了老年人对教育资源的持续性需求，因财力资源的分配难以为学习者所了解，在进行教育资源认可度调查时，剔除了财力资源，保留了人力资源、物力资源、课程资源的需求度水平。老年教育是

---

[1] Goldstein G S, Pauly M V. Tiebout bias on the demand for local public goods[J]. Journal of Public Economics, 1981, 16（2）: 131-143.
[2] Rubinfeld D L, Shapiro P, Roberts J. Tiebout bias and the demand for local public schooling[J]. Review of Economics and Statistics, 1987, 69（3）: 426-437.
[3] Bach L. Locational models for systems of Private and Public facilities based on concepts of accessibility and access opportunity[J]. Environment and Planning A, 1980, 12（3）: 301-320.
[4] 张磊. 高等教育专业设置地区治理研究 [D]. 天津: 天津大学, 2017.
[5] 柯佑祥. 教育经济学 [M]. 武汉: 华中科技大学出版社, 2009.
[6] 康伟, 褚祝杰, 陈迎欣. 教育经济管理 [M]. 哈尔滨: 黑龙江人民出版社, 2008.
[7] 毛盛勇. 中国高等教育与经济发展的协调性研究 [M]. 北京: 中国统计出版社, 2010.

一项政府福利性质的准公共产品，政府在资源供给中扮演了重要的角色，而影响老年教育资源有效供给的要素包含老年人口结构及社会经济发展水平。本书依据个体层面与社会层面对老年教育资源需求进行分析，列出老年教育资源需求指标，如表3-6所示，总体需求水平采用各指标贡献率水平的加权平均计算得出。

表3-6 老年教育资源需求指标

结构层	要素层	指标层	数据获取方式	编号
个体需求	教育支付能力	可支配时间	调查数据	C_1
		收入水平	调查数据	C_2
		教育支出意愿	调查数据	C_3
	教育资源需求度	人力资源需求度	调查数据	C_4
		物力资源需求度	调查数据	C_5
		课程资源需求度	调查数据	C_6
		空间资源需求度	调查数据	C_7
	教育产出成效	幸福	调查数据	C_8
		健康	调查数据	C_9
		独立	调查数据	C_{10}
		社会参与	调查数据	C_{11}
		自我实现	调查数据	C_{12}
社会需求	人口结构	人口老龄化水平	60岁及以上老年人口比重	C_{13}
		老年人口密度	60岁及以上老年人口/区域面积	C_{14}
		劳动年龄人口结构	16—60岁人口比重	C_{15}
	经济发展水平	人均GDP	人均GDP	C_{16}

（四）评价指标汇总及观测点释义

依据老年教育资源有效供给中供给充足性、空间均衡性和供需耦合性三个维度的指标分析，呈现老年教育资源有效供给的评价指标体系（见表3-7）。其中老年教育资源供给充足性通过公办老年教育与民办老年教育资源供给水平进行加权测算。需求水平同样采用个体需求与社会需求加权测算的方式进行测算，供需耦合性通过供给水平与需求水平之间的耦合度进行分析。空间均衡性应用 ArcGIS 对空间可达性和区域分布均衡性指标进行分析与测算。

表 3-7 老年教育资源有效供给指标体系

一级指标	二级指标	三级指标	观测点	编号
供给充足性	公办老年教育	人力资源	生师比	学生数/教师数	A_1
			班师比	班级数/教师数	A_2
		物力资源	人均校舍面积	校舍面积/学生数	A_3
			人均座位数	座位数/学生数	A_4
		财力资源	人均教育经费	经费投入/学生数	A_5
			教育经费占 GDP 比重	经费投入/GDP总量	A_6
		课程资源	线下课程资源利用率	各类课程参与人数（加权平均）	A_7
			线上课程资源利用率	学生数/收视点数	A_8
			资源服务压力	60 岁及以上人口数/班级数	A_9
	民办老年教育	人力资源	生师比	学生数/教师数	A_{10}
			班师比	班级数/教师数	A_{11}
		物力资源	人均校舍面积	校舍面积/学生数	A_{12}
		财力资源	人均教育经费	经费投入/学生数	A_{13}
		课程资源	培训课程利用率	参与人数/教育活动数	A_{14}
空间均衡性		公办老年教育机构空间可达性	公办老年教育机构最短距离	最短距离函数加权	B_1
			公办老年教育机构平均距离	平均最短距离函数加权	B_2
		民办老年教育机构空间可达性	民办老年教育机构最短距离	最短距离函数加权	B_3
			民办老年教育机构平均距离	平均距离函数加权	B_4

续表

一级指标	二级指标	三级指标	观测点	编号
供给耦合性	个体需求	教育支付能力	可支配时间	调查数据	C_1
			收入水平	调查数据	C_2
			教育支出意愿	调查数据	C_3
		教育资源需求度	人力资源需求度	调查数据	C_4
			物力资源需求度	调查数据	C_5
			课程资源需求度	调查数据	C_6
			空间资源需求度	调查数据	C_7
		教育产出成效	幸福	调查数据	C_8
			健康	调查数据	C_9
			独立	调查数据	C_{10}
			社会参与	调查数据	C_{11}
			自我实现	调查数据	C_{12}
	社会需求	人口结构	人口老龄化水平	60岁及以上老年人口比重	C_{13}
			老年人口密度	60岁及以上老年人口/区域面积	C_{14}
			劳动年龄人口结构	16—60岁人口比重	C_{15}
		经济发展水平	人均GDP	人均GDP	C_{16}

表 3-8 进一步对老年教育资源有效供给测量体系的观测点进行了解释，其中生师比、班师比和最短距离函数等计分方式标注为"−"的观测点为负向指标，汇总统计结果采用反向计分的方式。

表3-8 老年教育资源有效供给观测点释义

编号	观测点	含义	计分
A_1	生师比	公办老年教育机构生均教师数量	−
A_2	班师比	公办老年教育机构班均教师数量	−
A_3	人均校舍面积	公办老年教育机构生均校舍面积	+
A_4	人均座位数	公办老年教育机构生均座位数	+
A_5	人均教育经费	公办老年教育机构生均经费	+
A_6	教育经费占GDP比重	政府对公办老年教育机构经费投入水平	+
A_7	线下课程资源利用率	公办老年教育机构课程资源的利用率	+
A_8	线上课程资源利用率	远程老年教育资源利用率	+

续表

编号	观测点	含义	计分
A_9	资源服务压力	公办老年教育机构班级需要服务的老年人口数量	−
A_{10}	生师比	民办老年教育机构生均教师数量	−
A_{11}	班师比	民办老年教育机构生均教师数量	−
A_{12}	人均校舍面积	民办老年教育机构生均校舍面积	+
A_{13}	人均教育经费	民办老年教育机构生均经费	+
A_{14}	培训课程利用率	民办老年教育机构培训课程利用率	+
B_1	最短距离函数加权	居民点到公办老年教育机构最短距离	−
B_2	平均最短距离函数加权	居民点到公办老年教育机构平均最短距离	−
B_3	最短距离函数加权	居民点到民办老年教育机构最短距离	−
B_4	平均最短距离函数加权	居民点到民办老年教育机构平均最短距离	−
C_1	可支配时间	老年人一周内自由支配时间	+
C_2	收入水平	固定月收入	+
C_3	教育支出意愿	为老年教育付费的意愿度	+
C_4	人力资源需求度	人力资源配置是否满足老年人口需求	+
C_5	物力资源需求度	物力资源配置是否满足老年人口需求	+
C_6	课程资源需求度	课程资源配置是否满足老年人口需求	+
C_7	空间资源需求度	空间资源配置是否满足老年人口需求	+
C_8	幸福	老年人参与教育后的生活幸福感水平	+
C_9	健康	老年人参与教育后的身心健康水平	+
C_{10}	独立	老年人参与教育后的独立生活水平	+
C_{11}	社会参与	老年人参与教育后的社会参与水平	+
C_{12}	自我实现	老年人参与教育后的自我实现水平	+
C_{13}	60岁及以上老年人口比重	人口老龄化水平	+
C_{14}	60岁及以上老年人口/区域面积	老年人口密度	+
C_{15}	16—60岁人口比重	劳动年龄人口结构	+
C_{16}	人均GDP	地区经济发展水平	+

中 篇

老年教育资源有效供给实证分析

> 逻辑和数学是进行理性重建、把观察陈述上升为理论承诺的重要工具，它具有从给予的陈述中，把真理传递到别的陈述上去的功能。[①]
>
> ——汉斯·赖欣巴哈（Hans Reichenbach）

本篇在老年教育资源有效供给测量框架的基础上，以S市为案例地区进行分析测查，通过对S市六区县老年人进行抽样调查，检验并修正了老年教育资源有效供给测量指标，并应用主成分分析法对指标进行赋权，建构出老年教育资源有效供给指数。为了呈现当前案例地区老年教育资源供给水平，笔者以S市各区为亚群进行分层抽样，共获得2002个有效样本，测量结果发现，S市老年教育资源供给总体达到了中等充足性，A区、B区达到了较高充足性，但整体存在一定的空间差异，呈现出供给充足性从中心城区向郊区逐渐降低的现象。老年教育资源空间均衡性总体达到了较高水平，但同样存在一定的空间差异，部分郊区呈现了低均衡性，说明当前S市老年教育资源的投入结构在一定程度上考虑了老年人口分布的密度差异，但仍然有部分区存在资源供给不足的问题。老年教育资源整体供需耦合性较低，仅有两个区达到了中等协调水平，说明老年教育资源有效供给仍需进一步依据老年群体的学习需求做出调整。

应用多元回归分析对老年教育资源有效供给的影响因素进行验证发现，老年教育资源有效供给水平受制于城市社会发展环境与内部供给主体，其中人均GDP、GDP增长率、老年人口密度、政府投入及市场投入

---

① Reichenbach H. The Rise of Scientific Philosophy[M]. Oakland: University of California Press，1963.

水平的提升均会促进老年教育资源有效供给水平的提升,但人口老龄化水平提升对老年教育资源有效供给存在显著的负向影响。在子维度分析时发现,单纯的政府投入会降低供需耦合性,单纯的市场投入会降低供给充足性,两者的协同投入对于供给充足性、空间均衡性、供需耦合性以及总体有效性水平的提升存在直接正向的回归效应。

第四章 老年教育资源有效供给指数建构

一、数据获取与分析方法

(一)官方统计数据的处理

本书采用量化研究方法对老年教育资源供给有效性水平进行测算,其中提供老年教育资源的机构包括市级、区级、街道老年大学,远程收视点等公办老年教育机构以及社会培训机构、养老机构等民办老年教育机构。为反映老年教育资源供给的充足性、空间均衡性以及供需耦合性,本书采用官方统计数据与调查数据相结合的取样方式。其中,S 市各区 GDP 总量、人均 GDP、公共教育支出预算等数据来自各区《国民经济和社会发展统计公报》,S 市户籍老年人口数量、户籍人口数量、劳动年龄人口数量、各区面积等数据来自《S 市统计年鉴》,各类教育机构的学习者人数、教师数、场地面积、座位数、经费数等数据来自《S 市老年教育统计汇编》。

由于在本书的指标体系中,老年教育资源供给量与需求量的表征指标的统计值之间存在单位差异,直接应用原始数据进行统计分析时,数值水平高的变量会在分析中起主要作用,削弱低水平变量的作用,影响分析结果的可信性。因此为了便于统计分析,本书借鉴了联合国教科文组织的人类发展指数分析所有观测点数据时所用到的极差法对统计数据进行标准化处理，目的在于增加分析的结果的可信性，计算公式如下：

$$I_i = \frac{x_i - \min}{\max - \min}$$

所有负向指标采用 $1-I_i$ 的方式进行计算。

（二）社会调查数据的处理

1. 问卷测量结构

问卷测量结构包含居住区域、性别、年龄、月收入等人口统计学基础数据，可支配时间、收入水平与教育付费意愿组成的教育支付能力，人力资源、物力资源、课程资源和空间布局方面的教育资源需求度水平，以及参加老年教育后个体主观幸福感、健康、社会参与、独立和自我实现方面的促进成效。所有题项均采取自我评价的方式反映测量结果，以李克特式五点量表进行计分，测量结构如图4-1所示。

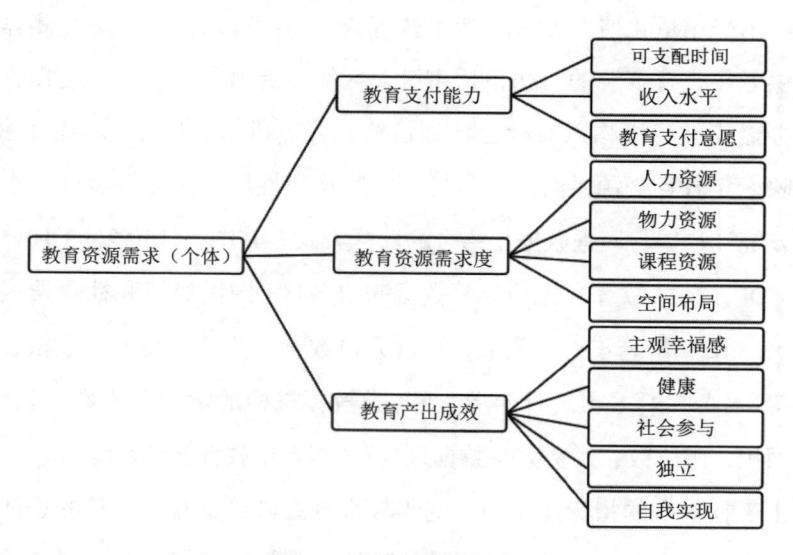

图 4-1 测量结构设计

2. 预调查样本分布

为保证问卷调查的有效性，首先选择S市六区县的老年人进行随机抽样调查，发放了500份问卷进行预调查分析，回收有效问卷472份，问卷有效率94.4%，样本分布见表4-1。调查对象中，女性347人，占比73.5%，年龄主要集中于60—69岁，文化程度多为大专及以下，本市非农业户口人群占比75.8%，原工作单位为企业的占比43.3%，有学习行为的占比66.5%，表明多数老年人在日常生活中有学习需求。

表4-1 人口统计学资料

属性	分类	人数/人	属性	分类	人数/人
性别	男	125	工作单位	政府机关	11
	女	347		事业单位	79
年龄	60—65岁	211		企业	205
	65—70岁	161		个体经营	45
	70—75岁	73		社会组织	38
	75岁及以上	21		其他	94
文化程度	小学及以下	71	学习参与	参与	314
	初中	208		未参与	158
	高中、中专或职业学校	116	月收入	2000元及以下	111
	大专	51		2000—4000元	223
	本科	24		4000—6000元	117
	研究生及以上	2		6000—8000元	12
居住区	E区	30		8000—10000元	6
	F区	45		10000元及以上	3
	I区	205	户籍状况	本市非农业户口	358
	K区	57		本市农业户口	76
	L区	22		外地非农业户口	35
	J区	113		外地农业户口	3
婚姻状况	未婚	13	居住状况	独居	22
	已婚	408		和配偶一起	282
	分居	2		和父母一起	53
	离婚	9		和子女一起	268
	丧偶	40		和孙辈一起	39
健康状况	很好	135		和兄弟姐妹一起	1
	不错，但有常见病	174		养老机构	1
	一般，受疾病困扰	146		其他	2
	差	12			
	很差	5			

注："居住状况"部分为多选。

3. 问卷结构检验

（1）项目分析。对问卷测量结果进行描述性统计分析发现，所有题项的测量结果均在 1—5，标准差在 0.661—1.1310，存在一定的离散程度，因此进一步对所有题项进行高低分组的项目区分度检验，判断各题项是否需要增删，描述统计结果如表 4-2 所示。所有题项均达到了 0.001 层面的极显著差异，均通过了项目区分度检验，可以很好地反映不同群体在测量题项上的差异，项目具有一定的鉴别度。

表 4-2 项目区分度检验结果

项目	区分度	项目	区分度	项目	区分度
V1	4.852***	V9	10.556***	V17	17.334***
V2	4.028***	V10	16.414***	V18	18.608***
V3	3.922***	V11	17.979***	V19	16.906***
V4	15.264***	V12	19.533***	V20	18.366***
V5	15.386***	V13	17.891***	V21	3.718***
V6	17.786***	V14	14.849***	V22	17.157***
V7	19.248***	V15	14.013***	V23	13.073***
V8	20.101***	V16	15.172***		

注：*** $p<0.001$。

（2）信度。一般认为，Cronbach $\alpha > 0.6$ 时，问卷的可信度较为理想。本研究应用 SPSS 25.0 对预调查样本数据进行信度分析，经检验，问卷的 Cronbach $\alpha = 0.935$（见表 4-3），可信度较为理想，通过了信度检验。

表 4-3 问卷信度检验

	Cronbach α	项目数
总体	0.935	23

（3）结构效度。为验证问卷的结构是否合理，对问卷中的题项进行因子分析，结果如表 4-4 所示，KMO $= 0.953 < 0.6$，且 $p < 0.001$，达到显著水平，适合进行因子分析。

表 4-4　KMO 值与巴特利特球形检验（老年教育课程）

Kaiser-Meyer-Olkin 测量取样的适当性		0.953
巴特利特球形检验	χ^2	8374.451
	df	253
	p	0.000

应用结构方程模型对问卷预调查结果进行验证性因子分析，对问卷的 23 个题项建立一阶三因子结构方程模型，验证问卷中三个公因子设置结构的合理性。检验结果：$\chi^2 = 60.255$，df $= 46$，p 为 $0.077 > 0.05$，未达到显著性水平，接受虚无假设。模型分析的拟合优度指数 GFI $= 0.980$、AGFI $= 0.966$、NFI $= 0.982$，均大于 0.9，达到理想分数；比较拟合指数 CFI $= 0.996$，TLI $= 0.994$，符合大于 0.95 的适配标准；RMSEA $= 0.026$，符合小于 0.080 的标准；残差均方根 RMR $= 0.065$，接近 0，较为理想；主要适配度指标值及 CFI、RMSEA 值均达到模型适配标准。主观指标：χ^2 : df $= 1.31 < 2$（见表 4-5），表示模型理想，模型拟合水平较优。

表 4-5　模型拟合分析结果

模型	Default M	Saturated M	Independence M
χ^2	60.255	0.000	3600.888
df	46	0.000	66
p	0.077	—	0.000
GFI	0.980	1.000	0.325
AGFI	0.966	—	0.202
RMR	0.065	0.000	1.120
RMSEA	0.026	—	0.324
NFI	0.982	1.000	0.000
RFI	0.974	—	0.000
TLI	0.994	—	0.000
CFI	0.996	1.000	0.000

各因素之间的路径系数见图 4-2，模型检验结果说明问卷结构通过了验证性因子分析，符合问卷对教育支付能力、教育资源需求度和教育产出

成效三个公因子的测量结构划分，问卷结构效度较为理想。

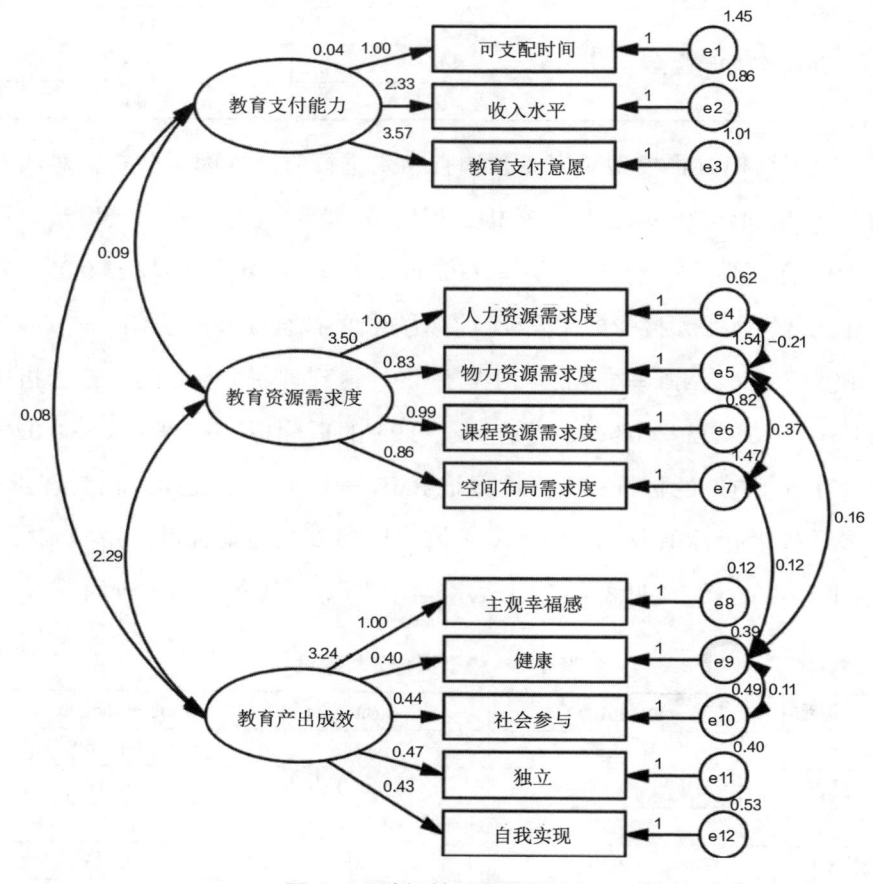

图 4-2 验证性因子分析结果

（三）指标权重测算方法

本书对指标权重的确定选用主成分分析法，将多个指标转化成少量彼此之间不存在相互关系的综合指标。通过数据结果科学地提取出不同指标在测量体系中的贡献值，合理避免了传统主观赋分法的人为选择弊端。主成分分析法的数学模型依据矩阵进行测算，观测变量 x_1, x_2, …, x_m 构成矩阵 X，如下：

$$X = \begin{bmatrix} x_{11} & \cdots & x_{1m} \\ \vdots & \vdots & \vdots \\ x_{n1} & \cdots & x_{nm} \end{bmatrix} = (x_1, x_2, \cdots, x_m)$$

$$X_i = \begin{bmatrix} x_{1i} \\ \vdots \\ x_{ni} \end{bmatrix}, \ i = 1, 2, \cdots, m$$

矩阵 X 拥有 m 个特征向量，即 a_1, a_2, $\cdots$, Zx_1, Zx_2, $\cdots$, Zx_m，代表原始数据经过标准化处理后的值，进一步计算后得出主成分值 F_m，代表数据矩阵 X 的协方差矩阵中第 i 个特征根 λ_i 的特征向量 a_i 为系数的线性组合，计算公式如下：

$$F_m = a_1 Z x_1 + a_2 Z x_2 + \cdots + a_m Z x_m$$

计算出主成分后，应用观测点在主成分上的贡献率与主成分值积的和求解观测点权重，a 代表提取出主成分的个数，计算公式如下：

$$w_1 = |Bx_1|F_1 + |Bx_1|F_2 + \cdots + |Bx_1|F_a$$

得到每一个观测点的权重后，进一步求解权重集，计算公式如下：

$$W = w_1 + w_2 + \cdots + w_m$$

观测点权重最终测算公式如下：

$$W_i = \frac{w_i}{W}$$

二、老年教育资源供给充足性指数

（一）课程资源利用率的计算

为计算 S 市老年教育课程资源的利用率，笔者对 S 市 300 所老年教育机构的课程参与人数数据进行标准化，转换为 Z 分数后，对所有老年教育机构开设的课程参与人数进行主成分分析，确定每个系列课程的权重，以便对课程资源利用率进行测算。S 市老年教育课程参与人数数据分析结果的 KMO = 0.788，接近良好的指标（见表 4-6）。巴特利特球形检验的 $\chi^2 = 1632.603$，df = 15，且 $p = 0.000 < 0.001$，达到显著水平，表示变量有共同的因素存在，适合进行因素分析。

表 4-6　KMO 值与巴特利特球形检验（老年教育课程）

Kaiser–Meyer–Olkin 测量取样的适当性		0.788
巴特利特球形检验	χ^2	1632.603
	df	15
	p	0.000

由碎石图（图 4-3）可以看出，第二个因素之后，陡坡线趋于平坦，共提取到一个公因子，说明数据结果适合进行因子分析。

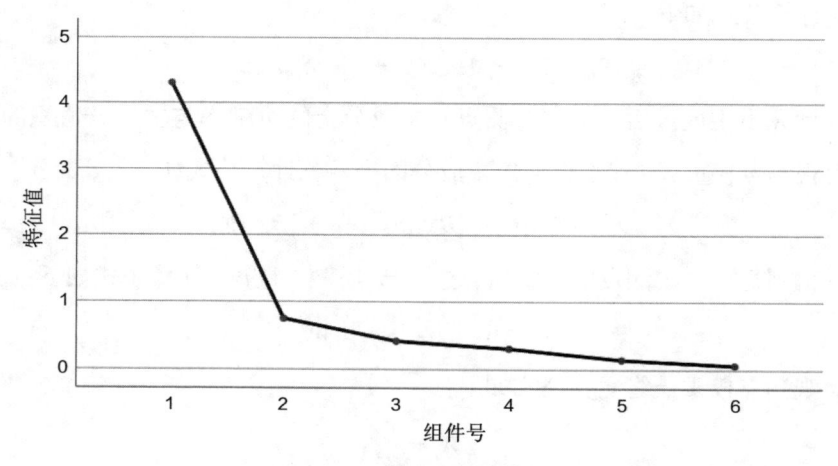

图 4-3　碎石图（老年教育课程）

根据表 4-7 的统计结果，所有课程参与人数的统计结果转化为 Z 分数后，共提取了一个主成分，结果的解释率为 71.892%。

表 4-7　总方差解释（老年教育课程）

成分	初始特征值			提取载荷平方和		
	总计	方差百分比	累计 /%	总计	方差百分比	累计 /%
1	4.313	71.892	71.892	4.313	71.892	71.892
2	0.745	12.422	84.314			

续表

成分	初始特征值			提取载荷平方和		
	总计	方差百分比	累计/%	总计	方差百分比	累计/%
3	0.418	6.971	91.284			
4	0.310	5.162	96.447			
5	0.148	2.458	98.905			
6	0.066	1.095	100.000			

注：提取方法为主成分分析法。

表 4-8　成分矩阵[a]

	成分 1
Z 分数（市民教育课程）	0.797
Z 分数（健康教育课程）	0.952
Z 分数（艺术修养课程）	0.851
Z 分数（文化素养课程）	0.802
Z 分数（实用技能课程）	0.794
Z 分数（体育健身课程）	0.880

注：提取方法为主成分分析法。a 提取了 1 个成分。

依据表 4-8 中不同变量在主成分中的贡献值得出不同课程的权重，计算公式如下：

$$W_1 = 0.797 \times 0.71892 = 0.57$$

$$W_2 = 0.952 \times 0.71892 = 0.68$$

$$W_3 = 0.851 \times 0.71892 = 0.61$$

$$W_4 = 0.802 \times 0.71892 = 0.58$$

$$W_5 = 0.794 \times 0.71892 = 0.57$$

$$W_6 = 0.880 \times 0.71892 = 0.63$$

$$W_{总} = W_1 + W_2 + W_3 + W_4 + W_5 + W_6 = 3.64$$

∴ W 权重集（$W_1/W_{总}, W_2/W_{总}, W_3/W_{总}, W_4/W_{总}, W_5/W_{总}, W_6/W_{总}$）=（0.16，0.19，0.18，0.16，0.16，0.17）

∴ A_7 = 0.16× 市民教育课程参与人数 +0.19× 健康教育课程参与人数 +0.18× 艺术修养课程参与人数 + 0.16× 文化素养课程参与人数 +0.16×

实用技能课程参与人数 +0.17× 体育健身课程参与人数

（二）供给充足性指标赋权

在供给总量的计算中，对指标的赋权同样采用主成分分析法。通过上述步骤，计算出课程参与指标后，继续对所有结果进行标准化处理，进一步进行因子分析。首先进行巴特利特球形检验，结果如表 4-9 所示，KMO $= 0.735 > 0.7$，$\chi^2 = 9770.181$，$df = 171$，且 $p = 0.000 < 0.001$，适合进行因子分析。

表 4-9 表 KMO 值与巴特利特球形检验（资源供给总量）

Kaiser–Meyer–Olkin 测量取样的适当性		0.735
巴特利特球形检验	χ^2	9770.181
	df	171
	p	0.000

由碎石图（见图 4-4）可以看出，第五个因素之后，陡坡线趋于平坦，共提取到四个公因子，符合研究对教育资源总量的四个因素（人力资源、财力资源、物力资源和课程资源）的划分，总方差解释如表 4-10 所示，四个因素对结果的累计解释率为 78.656%。

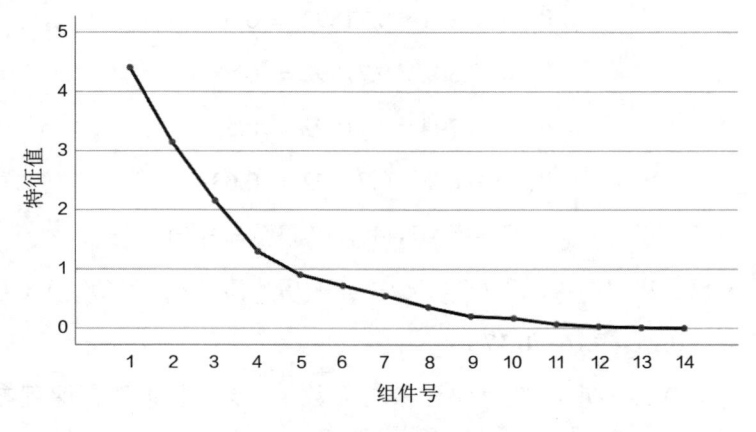

图 4-4 碎石图（资源供给总量）

表 4–10 总方差解释（资源供给总量）

成分	初始特征值			提取载荷平方和		
	总计	方差百分比	累计 /%	总计	方差百分比	累计 /%
1	4.406	31.475	31.475	4.406	31.475	31.475
2	3.149	22.496	53.970	3.149	22.496	53.907
3	2.156	15.403	69.374	2.156	15.403	69.374
4	1.300	9.283	78.656	1.300	9.283	78.656
5	0.907	4.480	83.136			
6	0.719	4.469	87.605			
7	0.543	3.983	91.588			
8	0.351	2.710	94.298			
9	0.198	2.173	96.471			
10	0.165	1.714	98.185			
11	0.067	1.012	99.197			
12	0.028	0.534	99.731			
13	0.009	0.202	99.933			
14	0.000	0.067	100.000			

注：提取方法为主成分分析法。

依据表 4–10 与表 4–11 中各成分的方差解释量与成分矩阵贡献值，得出的权重计算公式如下：

$W_{A1} = (0.353 \times 0.31475 + 0.409 \times 0.22496 + 0.792 \times 0.15403 + 0.196 \times 0.09283)$
$= 0.34$

$W_{A2} = (0.082 \times 0.31475 + 0.347 \times 0.22496 + 0.898 \times 0.15403 + 0.143 \times 0.09283)$
$= 0.26$

以此类推：

$W_{A3} = 0.36$, $W_{A4} = 0.36$, $W_{A5} = 0.34$, $W_{A6} = 0.33$, $W_{A7} = 0.22$, $W_{A8} = 0.34$, $W_{A9} = 0.27$, $W_{A10} = 0.19$, $W_{A11} = 0.32$, $W_{A12} = 0.22$, $W_{A13} = 0.25$, $W_{A14} = 0.39$

$W_{A总} = 4.17$

∴ W_A 权重集 = [0.08, 0.06, 0.09, 0.09, 0.08, 0.08, 0.05, 0.08, 0.06, 0.04, 0.08, 0.05, 0.06, 0.09]

表 4-11　成分矩阵 ^{a}（资源供给总量）

项目	成分 1	成分 2	成分 3	成分 4
A1	0.353	−0.409	0.792	0.196
A2	−0.082	−0.347	0.898	0.143
A3	0.833	−0.374	−0.078	−0.038
A4	0.724	−0.462	−0.159	−0.026
A5	0.865	0.064	−0.187	−0.211
A6	0.798	0.220	0.020	−0.309
A7	0.196	0.321	0.035	0.823
A8	0.668	0.215	−0.348	0.305
A9	0.098	0.762	0.344	−0.119
A10	−0.133	−0.071	−0.532	0.496
A11	0.524	0.640	0.030	−0.104
A12	0.012	0.782	0.166	0.130
A13	0.073	0.818	0.236	−0.023
A14	0.937	−0.176	0.220	0.201

注：提取方法为主成分分析法。a 提取了 4 个成分。

对应本书提出的测评框架中的不同指标，汇总权重结果如表 4-12 所示。

表 4-12　老年教育资源供给总量指标权重

结构层	要素层	指标层	编号
公办老年教育（0.67）	人力资源（0.14）	生师比（0.08）	A_1
		班师比（0.06）	A_2
	物力资源（0.18）	人均校舍面积（0.09）	A_3
		人均座位数（0.09）	A_4
	财力资源（0.16）	人均教育经费（0.08）	A_5
		教育经费占 GDP 比重（0.08）	A_6
	课程资源（0.19）	线下课程资源利用率（0.05）	A_7
		线上课程资源利用率（0.08）	A_8
		资源服务压力（0.06）	A_9

续表

结构层	要素层	指标层	编号
民办老年教育（0.33）	人力资源（0.12）	生师比（0.04）	A_{10}
		班师比（0.08）	A_{11}
	物力资源（0.05）	人均校舍面积（0.05）	A_{12}
	财力资源（0.06）	人均教育经费（0.06）	A_{13}
	课程资源（0.09）	培训课程利用率（0.09）	A_{14}

三、老年教育资源空间均衡性指数

（一）空间可达性测算

老年教育资源的空间可达性是指老年人克服距离、时间、费用等阻力到达老年教育机构的愿望和能力，是判断老年教育资源空间布局有效性的关键要素。自20世纪50年代以来，可达性分析被用于基础服务设施、资源建设、学校选址等问题的布局研究上。对于空间可达性的测算，常用的方法包含缓冲区分析法、最小距离分析法、行进成本法、吸引力指数法等，如表4-13所示。

表4-13 空间可达性计算方法

计算方法	测量内容	计算公式	适用问题	相关作者
缓冲区分析法	地理空间目标的影响范围或服务范围，依据一个要素点或面到邻域的距离半径设定缓冲区	$B_i = \dfrac{x}{d(x, o_i)}$ $B = \bigcup_{i=1}^{n} B_i$	地震带警戒区设置、水土流失保护线设置、街区改造等	Rodgers 等[1]
最短距离分析法	通过计算测试样本与各类别的均值之间的距离来确定样本的类别	$J_k = \sum_{i=1}^{n} \dfrac{L}{n}$	公共设施布局、学校选址等	Wolfowitz[2]

---

[1] Rodgers J A, Smith H T. Buffer zone distanees to proteet foraging and loafng waterbrds from hman[J]. Wildlife Society Bulletin, 1997, 25（1）: 1-39.

[2] Wolfowitz J. The minimum distance method[J]. The Annals of Mathematical Statistics, 1957, 28（1）: 75-88.

续表

计算方法	测量内容	计算公式	适用问题	相关作者
行进成本法	以成本单位计算从一个像元到另一个像元的最短加权距离，以成本为单位。成本以行进组抗力表示，包含从一个点到另一个点的费用及时间等成本	$V_{ji}=f(G_{ij}p_{ij})$	旅行分析、选址分析等	Hotelling
吸引力指数法	通过专家评审法，确定某一项目的吸引力指标及权重，通过对指标体系的修正提出吸引力指数	$G_j=\sum_{j=1}^{n}A_{ij}$	旅游地吸引力分析、商业选址分析等	Gearing 等[①]

年龄增长因素决定了老年人相较于其他群体，在选择教育资源时更加注重距离要素。本书对老年教育资源的空间可达性分析采用最短距离函数，以区为统计单位，计算各区内居民从居民点到达老年教育机构的平均最短距离，距离越短，则空间可达性越强。计算老年人从居民点到老年教育机构的距离时，用 J_k 表示 k 区中所有居民点至老年教育机构的平均最短距离，L_i 表示居民点 i 至老年教育机构的最短距离，n 表示居民点个数，[②] 计算公式如下：

$$J_k=\sum_{i=1}^{n}\frac{L_i}{n}$$

空间可达性的计算不仅与老年人从居民点到老年教育机构的距离有关，还与区域老年人口的密集程度密切相关，老年人口密集程度高，则空间可达性要求相对较高。因此为了便于在 S 市人口密度不同的各区之间进行比较分析，本书对最短距离的原始分数进行加权计算，其中权重测算的依据为各区的老年人口数量，计算公式如下（其中 $\bar{\omega}$ 代表加权平均数）：

$$B_i=\frac{J_k}{\bar{\omega}}$$

在计算得出最短距离的加权平均结果后，同样采用指数化的方式对空间可达性的加权平均计算结果进行 [0，1] 区间的标准化取值，以便于最终的指数计算分析，得到空间可达性指标。

[①] Gearing C E, Swart W W, Var T. Establishing a measure of touristic attractiveness[J]. Journal of Travel Research，1974，12（4）：1-8.

[②] 王丽娟. 城市公共服务设施的空间公平研究 [D]. 重庆：重庆大学，2014.

（二）空间均衡性赋权

最短距离的计算基于研究区域内所有居民点到老年教育机构的空间距离，因此在衡量空间均衡性时，除了需要对空间距离进行加权计算外，还需要考虑区域中空间可达性的最小值与平均值。由于所有空间指标同等重要，在进行总体权重计算时，采用算数平均法，各取 0.25 进行测算，赋权结果如表 4–14 所示。

表 4–14　老年教育资源空间均衡性测量指标

结构层	要素层	指标层	编号
空间均衡性（1）	公办老年教育机构空间可达性（0.5）	公办老年教育机构最短距离（0.25）	B_1
		公办老年教育机构平均距离（0.25）	B_2
	民办老年教育机构空间可达性（0.5）	民办老年教育机构最短距离（0.25）	B_3
		民办老年教育机构平均距离（0.25）	B_4

四、老年教育资源供需耦合性指数

在供给总量的计算中，对指标的赋权同样采用主成分分析法。通过上述步骤，计算出课程参与指标后，继续对所有结果进行标准化处理，进一步进行因子分析。巴特利特球形检验结果见表 4–15，KMO = 0.707 > 0.7，χ^2 = 3815.484，df = 120，且 p = 0.000 < 0.001，适合进行因子分析。

表 4–15　KMO 值与巴特利特球形检验（资源供给总量）

Kaiser-Meyer-Olkin 测量取样的适当性		0.707
巴特利特球形检验	χ^2	3815.484
	df	120
	p	0.000

由碎石图（见图 4–5）可以看出，第六个因素之后，陡坡线趋于平坦，共提取到五个公因子，符合研究对教育资源总量的五个因素（教育支付能力、教育资源需求度、教育产出成效、人口结构和经济发展水平）的划

分。总方差解释见表4–16，五个因素对结果的累计解释率为69.796%。各指标的成分矩阵结果如表4–17所示。

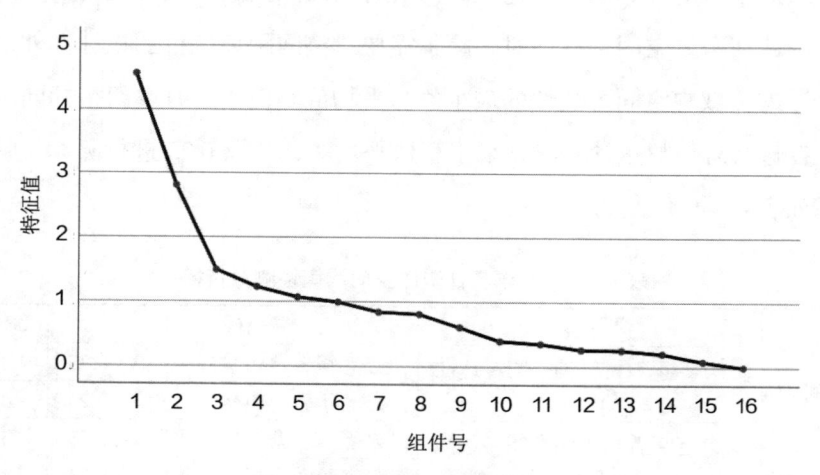

图4–5 碎石图（资源供给总量）

表4–16 总方差解释（资源供给总量）

成分	初始特征值			提取载荷平方和		
	总计	方差百分比	累计/%	总计	方差百分比	累计/%
1	4.563	28.521	28.521	4.563	28.521	28.521
2	2.808	17.552	46.074	2.808	17.552	46.074
3	1.492	9.324	55.398	1.492	9.324	55.398
4	1.228	7.677	63.075	1.228	7.677	63.075
5	1.071	6.694	69.769	1.071	6.694	69.769
6	0.996	6.223	75.992			
7	0.844	5.272	81.264			
8	0.812	5.074	86.338			
9	0.610	3.813	90.151			
10	0.399	2.492	92.643			
11	0.357	2.232	94.874			
12	0.265	1.659	96.533			
13	0.259	1.618	98.151			
14	0.208	1.299	99.450			
15	0.088	0.550	100.000			

注：提取方法为主成分分析法。

表 4-17　成分矩阵 ^{a}（资源供给总量）

项目	成分				
	1	2	3	4	5
C1	0.719	−0.662	0.087	0.039	−0.066
C2	0.653	−0.635	0.089	0.060	−0.030
C3	−0.719	0.663	−0.087	−0.039	0.065
C4	0.732	−0.400	0.098	−0.069	−0.024
C5	−0.056	−0.019	0.111	0.655	0.310
C6	0.080	0.041	0.133	0.556	0.403
C7	−0.064	−0.031	−0.116	0.630	−0.461
C8	0.525	0.519	0.448	−0.033	−0.261
C9	0.334	0.469	0.526	−0.008	0.255
C10	0.403	0.556	0.499	0.086	−0.252
C11	0.401	−0.032	0.201	−0.206	0.368
C12	0.641	0.343	−0.350	0.070	−0.110
C13	0.666	0.359	−0.458	0.096	0.162
C14	0.486	0.270	−0.438	−0.064	0.357
C15	0.565	0.383	−0.352	0.066	−0.294
C16	0.658	0.315	−0.026	−0.089	0.073

注：提取方法为主成分分析法。a 提取了 5 个成分。

依据前述算法，W_b 权重集 =（0.08，0.08，0.08，0.07，0.03，0.03，0.03，0.08，0.06，0.07，0.04，0.07，0.08，0.06，0.07，0.06）

依据权重集测算的指标层及要素层权重如表 4-18 所示。

表 4-18　老年教育资源需求总量指标权重

结构层	要素层	指标层	编号
个体需求 （0.723）	教育支付能力（0.245）	可支配时间（0.084）	C1
		收入水平（0.078）	C2
		教育支出意愿（0.084）	C3
	教育资源需求度（0.155）	人力资源需求度（0.073）	C4
		物力资源需求度（0.025）	C5
		课程资源需求度（0.028）	C6
		空间资源需求度（0.029）	C7

续表

结构层	要素层	指标层	编号
个体需求（0.723）	教育产出成效（0.323）	主观幸福感（0.075）	C8
		健康（0.062）	C9
		社会参与（0.045）	C10
		独立（0.070）	C11
		自我实现（0.072）	C12
社会需求（0.277）	人口结构（0.213）	人口老龄化水平（0.078）	C13
		老年人口密度（0.064）	C14
		劳动年龄人口结构（0.071）	C15
	经济发展水平（0.064）	人均GDP（0.064）	C16

五、老年教育资源供给有效性指数

经过前述分析对三个系统供给指标进行赋权后，整合指标权重结果，如表4-19所示。由于供需耦合指数是在供给体系与需求体系的耦合分析基础上生成的，在各维度进行指数测算时，不再依据总权重进行二次赋权。

表4-19 教育资源有效性评价体系赋权结果

一级指标	二级指标	三级指标		编号
供给充足性	公办老年教育（0.67）	人力资源（0.14）	生师比（0.08）	A_1
			班师比（0.06）	A_2
		物力资源（0.18）	人均校舍面积（0.09）	A_3
			人均座位数（0.09）	A_4
		财力资源（0.16）	人均教育经费（0.08）	A_5
			教育经费占GDP比重（0.08）	A_6
		课程资源（0.19）	线下课程资源利用率（0.05）	A_7
			线上课程资源利用率（0.08）	A_8
			资源服务压力（0.06）	A_9
供给充足性	民办老年教育（0.33）	人力资源（0.12）	生师比（0.04）	A_{10}
			班师比（0.08）	A_{11}
		物力资源（0.05）	人均校舍面积（0.05）	A_{12}
		财力资源（0.06）	人均教育经费（0.06）	A_{13}
		课程资源（0.09）	培训课程利用率（0.09）	A_{14}

续表

一级指标	二级指标	三级指标	编号
空间均衡性（1）	公办老年教育机构空间可达性（0.5）	公办老年教育机构最短距离（0.25）	B_1
		公办老年教育机构平均距离（0.25）	B_2
	民办老年教育机构空间可达性（0.5）	民办老年教育机构最短距离（0.25）	B_3
		民办老年教育机构平均距离（0.25）	B_4
供需耦合性	个体需求（0.723）	教育支付能力（0.245）	可支配时间（0.084）	C1
			收入水平（0.078）	C2
			教育支出意愿（0.084）	C3
		教育资源需求度（0.155）	人力资源需求度（0.073）	C4
			物力资源需求度（0.025）	C5
			课程资源需求度（0.028）	C6
			空间资源需求度（0.029）	C7
		教育产出成效（0.323）	主观幸福感（0.075）	C8
			健康（0.062）	C9
			社会参与（0.045）	C10
			独立（0.070）	C11
			自我实现（0.072）	C12
	社会需求（0.277）	人口结构（0.213）	人口老龄化水平（0.078）	C13
			老年人口密度（0.064）	C14
			劳动年龄人口结构（0.071）	C15
		经济发展水平（0.064）	人均GDP（0.064）	C16

（一）资源供给总量充足性指数

为计算老年教育资源供给总量充足性，本书按照老年教育资源体系内容结构中公办老年教育与民办老年教育的人力资源、物力资源、财力资源和课程资源对老年教育资源供给总量进行测算。观测点以人均为基础取值测算资源的充足性。在此基础上，经过前述权重测算，本研究采用加权平均的方法得出老年教育资源供给总量充足性指数，计算公式如下：

$I_a = 0.08 \times A_1 + 0.06 \times A_2 + 0.09 \times A_3 + 0.09 \times A_4 + 0.08 \times A_5 + 0.08 \times A_6 + 0.05 \times A_7 + 0.08 \times A_8 + 0.06 \times A_9 + 0.04 \times A_{10} + 0.08 \times A_{11} + 0.05 \times A_{12} + 0.06 \times A_{13} + 0.09 \times A_{14}$

（二）供需耦合性指数

供需耦合性指数旨在计算供需体系之间的耦合性，需要先对老年教育资源供给系统与需求系统的指数水平进行求解。老年教育资源需求度的计算方式与供给度相同，需要对教育支付能力、人口结构和经济发展水平进行加权平均计算，且同样应用极差法对数据进行指标化处理，计算公式如下：

$I_c = 0.08 \times C_1 + 0.08 \times C_2 + 0.08 \times C_3 + 0.07 \times C_4 + 0.03 \times C_5 + 0.03 \times C_6 + 0.03 \times C_7 + 0.08 \times C_8 + 0.06 \times C_9 + 0.07 \times C_{10} + 0.04 \times C_{11} + 0.07 \times C_{12} + 0.08 \times C_{13} + 0.06 \times C_{14} + 0.07 \times C_{15} + 0.06 \times C_{16}$

耦合度 C 的计算依据供给系统与需求系统之间的指数计算，计算结果 $C \in [0, 1]$，表示供给系统与需求系统之间的耦合度。C 越接近于 0，表示两个系统之间的耦合度越低，C 越接近于 1，则耦合度越高，$C = 1$ 时，耦合度最大。计算公式如下：

$$C = \left[\frac{I_a + I_c}{(\frac{I_a + I_c}{2})^2}\right]^2$$

为判断老年教育资源供给系统与需求系统之间的协调发展度，本研究引入供需系统综合协调指数 T，即对老年教育资源供给总量与需求总量合集进行计算，计算方式采用算术平均法，计算公式如下：

$$T = \frac{I_a + I_c}{2}$$

在耦合度与耦合协调系数的基础上，本研究计算了供给系统与需求系统的耦合协调度 D，弥补单一耦合度 C 无法说明供给系统和需求系统协调水平的问题，计算公式如下：

$$D = \sqrt{C \times T}$$

对于耦合协调度的水平划分，目前分为四分法（$0 < D \leq 0.4$ 低度协调、$0.4 < D \leq 0.5$ 中度协调、$0.5 < D \leq 0.8$ 高度协调、$0.8 < D \leq 1$ 极度

协调）[1]、五分法（取值 [0,1]，每间隔 0.2 为一等级）[2]、七分法（$D < 0.4$ 严重失调、$0.4 \leq D \leq 0.5$ 中度失调、$0.6 \leq D \leq 0.7$ 轻度失调、$0.8 \leq D \leq 0.9$ 轻度失调 $0.5 < D \leq 0.8$ 磨合阶段、$0.8 < D \leq 1$ 高水平协调[3]、十分法（取值 [0，1]，每间隔 0.1 为一等级）[4]、十六分法（取值 [-1，1]，以供给需求指数做标注对应点位划分）[5] 等。笔者认为，在进行耦合协调度计算后，可以依据协调结果对其进行等分处理，耦合协调度 D 计算后取值 [0，1]，按照四分法对老年教育资源的供需耦合性进行划分（见图 4-6）。

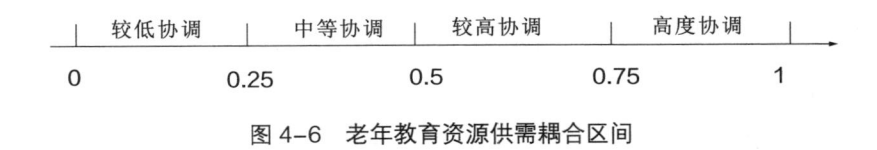

图 4-6　老年教育资源供需耦合区间

（三）空间均衡性指数

空间均衡性根据空间资源可达性及空间分布密度进行测算，可用来分析公办老年教育机构、民办老年教育机构的空间布局情况。空间布局问题并非单纯的机构在空间上的地理分布问题，还与老年人口在相应空间上的分布问题有关，即对于老年人口密度高的地区，相应教育资源也需要更为密集。因此在测算空间均衡性时，需要对每一个观测点结果进行老年人口密度的加权计算。得出相应指标后，取算术平均结果进行表征，计算公式如下：

$$I_b = 0.25 \times B_1 + 0.25 \times B_2 + 0.25 \times B_3 + 0.25 \times B_4$$

---

[1] 刘耀彬，李仁东，宋学锋. 中国城市化与生态环境耦合度分析 [J]. 自然资源学报，2005（1）：105–112.
[2] 薛华菊，马耀峰，黄毅，等. 城市旅游供需系统耦合评价研究——以北京市入境旅游为例 [J]. 北京第二外国语学院学报，2014，36（11）：44–50.
[3] 刘军胜. 旅游需求与目的地供给耦合的演进过程与机制研究 [D]. 西安：陕西师范大学，2017.
[4] 董亚娟. 供需视角下入境旅游流驱动与城市目的地响应耦合关系研究 [D]. 西安：陕西师范大学，2012.
[5] 贺建雄. 西安城市居民日常生活空间供需耦合研究 [D]. 西安：西北大学，2018.

（四）资源供给有效性指数

老年教育资源供给有效性指数是在老年教育资源供给充足性、空间均衡性与供需耦合性的基础上生成的，分别从供给总量、空间布局及需求满足三个维度探讨资源供给的有效性，这三个属于并列维度。在计算资源供给有效性指数时采取算术平均法，由于所有前述数据结果均已进行指数形式转化，计算资源供给有效性指数时可以直接应用各维度的指数测算结果。计算公式如下：

$$I=\frac{I_a+I_b+D}{3}$$

第五章　老年教育资源有效供给水平测量

一、老年教育资源供给充足性

（一）公办老年教育机构

1. 公办老年教育机构资源分布情况

根据表 5-1 中数据，S 市各区公办老年教育机构数量存在一定的差异，本研究统计的公办老年教育机构包含市级、区级、街道老年大学，远程收视点等。由于各区域面积、老年人口数量及老年人口密度存在一定的差异，因此将老年教育资源的空间密度作为判断老年教育资源供给充足性的指标。从表 5-1 可以看出，S 市公办老年教育机构密度从中心城区向外围城区逐次递减。A、B 两个区域的老年人口密度在 S 市处于最高水平，均高于 3000 人 / 千米^2，公办老年教育机构密度也处于最高水平，每平方千米拥有 9 所以上的公办老年教育机构，A 区每万人拥有的学校数量最多，达到了 32.95 所 / 万人。

表 5-1　S 市各区公办老年教育机构数量

地区	区域面积/千米²	60 岁及以上人口/万人	老年人口密度/(人/千米²)	学校数量/所	万人学校拥有量/(所/万人)	老年教育资源空间密度/(所/千米²)
A 区	28.05	9.65	3440.29	318	32.95	11.34
B 区	23.40	12.10	5170.94	222	18.35	9.49
C 区	55.00	15.37	2794.55	319	20.75	5.80
D 区	60.61	17.55	2895.56	317	18.06	5.23
E 区	38.30	9.76	2548.30	196	20.08	5.12
F 区	54.83	4.04	736.82	274	67.82	5.00
G 区	66.88	14.59	2181.52	295	20.22	4.41
H 区	300.00	16.18	539.33	491	30.35	1.64
I 区	372.00	18.92	508.60	578	30.55	1.55
J 区	1210.41	46.20	381.69	1322	28.61	1.09
K 区	459.00	10.62	231.37	351	33.05	0.76
L 区	604.67	9.61	158.93	341	35.48	0.56
M 区	676.00	7.59	112.28	312	41.11	0.46
N 区	687.00	8.78	127.80	304	34.62	0.44
O 区	586.05	7.99	136.34	235	29.41	0.40
P 区	1185.00	12.59	106.24	364	28.91	0.31

应用曲线拟合估计对公办老年教育机构密度及老年人口密度进行分析发现，两者呈现二次线性关系，二次曲线的拟合指数为 0.943，接近于 1，且 p 为 0.000，拟合效果良好（见图 5-1）。S 市各区公办老年教育机构密度基本上与老年人口密度之间呈现显著回归效应，即老年人口密度越高，公办老年教育机构越密集（除 G 区）。

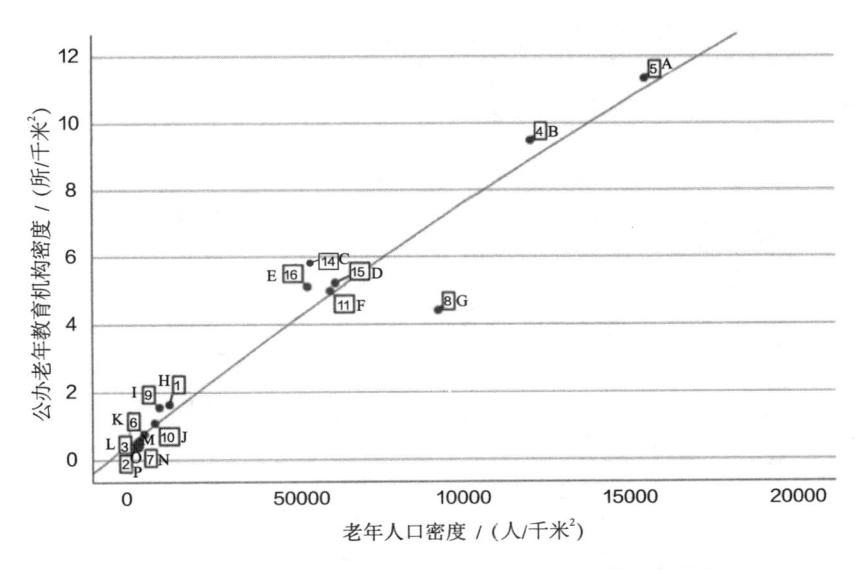

图 5-1　S 市各区人口密度及公办老年教育机构密度散点图

2. 公办老年教育机构资源供给充足性

如表 5-2 所示,各区公办老年教育机构资源供给充足性指数与班级服务压力之间存在一定的差异。以 B 区为例,其班级服务压力达到了 300 人/班,说明现有的班级数量相对较为紧张,因此课程资源的评分较低,但综合了人力资源、物力资源、财力资源和课程资源的结果评价后发现,B 区的公办老年教育机构资源供给充足性达到了 0.34,仅次于 A 区。依据老年教育资源供给充足性指数的测量框架,公办老年教育机构资源供给充足性满分为 0.67 分,依据四分法,可将其分为低供给充足性($0 \leq I_{a1} < 0.1675$)、中等供给充足性($0.1675 \leq I_{a1} < 0.335$)、较高供给充足性($0.335 \leq I_{a1} < 0.5025$)、高供给充足性($0.5025 \leq I_{a1} \leq 0.6700$)。整体而言,当前 S 市公办老年教育资源供给充足性为 0.21,达到了中等供给充足状态,在空间布局上供给充足性呈现出由中心城区向外围城区逐渐降低的趋势。

111

表 5-2 S 市各区公办老年教育机构资源供给充足性指数

地区	人力资源	物力资源	财力资源	课程资源	公办老年教育机构资源供给充足性 (I_{a_1})	供给水平
A 区	0.07	0.14	0.16	0.06	0.43	较高
B 区	0.12	0.18	0.02	0.02	0.34	
G 区	0.07	0.09	0.04	0.08	0.27	
J 区	0.08	0.01	0.00	0.17	0.26	
L 区	0.08	0.04	0.03	0.06	0.21	
S 市均值	0.08	0.04	0.03	0.06	0.21	
C 区	0.06	0.02	0.03	0.09	0.20	中等
H 区	0.09	0.01	0.03	0.05	0.19	
E 区	0.09	0.02	0.02	0.06	0.19	
F 区	0.06	0.04	0.02	0.06	0.18	
I 区	0.11	0.01	0.01	0.04	0.17	
M 区	0.07	0.04	0.03	0.02	0.17	
N 区	0.09	0.01	0.01	0.06	0.16	
K 区	0.10	0.02	0.00	0.02	0.14	
P 区	0.07	0.02	0.02	0.02	0.13	低
O 区	0.04	0.00	0.00	0.06	0.11	
D 区	0.07	0.01	0.00	0.01	0.10	

注：表中数据为标准化处理后的 [0, 1] 区间结果，0 不代表无，仅代表组内最低分。

（二）民办老年教育机构资

1. 民办老年教育机构资源分布情况

S 市民办老年教育机构主要包含养教结合的养老机构与社会培训机构两种类型，养老机构类似于老年大学，以班级教育的形式开展老年教育，统计口径为参与人数；社会培训机构主要采取一次性参观、短期讲座、系统教育的形式开展老年教育，统计口径为参与人次。根据表 5-3 数据结果，民办老年教育机构的空间分布在各区上存在着较大差异，主要集中于中心城区。

表 5-3　民办老年教育机构分布水平

地区	养老机构/个	参与人数/人	社会培训机构/个	参与人次/人次	机构总数/个	分布密度/(个/千米²)
A区	14	505	4	243	18	0.88
G区	22	1648	7	4950	29	0.79
E区	25	978	4	959	29	0.76
C区	20	1062	11	1186	31	0.57
B区	8	666	5	370	13	0.55
F区	10	633	5	1477	15	0.27
D区	3	1925	4	597	7	0.12
H区	19	1061	8	38544	27	0.10
I区	24	1442	11	3048	35	0.09
J区	57	4231	17	4554	74	0.06
K区	13	1038	5	0	18	0.04
L区	15	1378	6	2371	21	0.03
N区	14	857	5	5241	19	0.03
O区	7	593	3	5885	10	0.02
P区	13	661	5	11239	18	0.02
M区	6	499	4	6612	10	0.01

2. 民办老年教育机构资源供给充足性

民办老年教育机构资源供给充足性满分为 0.33 分，采用与公办老年教育相同的划分方法，将民办老年教育机构资源供给充足性划分为低供给充足性（$0 \leq I_{a2} < 0.0825$）、中等供给充足性（$0.0825 \leq I_{a2} < 0.165$）、较高供给充足性（$0.165 \leq I_{a2} < 0.2475$）、高供给充足性（$0.2475 \leq I_{a2} \leq 0.33$）。如表 5-4 所示，民办老年教育机构资源供给水平的异质性相对较大，参与分析的 16 个区中仅有 B 区达到了高供给充足性，其他城区及 S 市总体仅达到中等供给充足性，而 H 区、L 区及 P 区则只达到了低供给充足性。

表 5-4　S 市各区民办老年教育资源供给充足性指数

地区	人力资源	物力资源	财力资源	课程资源	民办老年教育资源供给充足性（I_{a2}）	供给水平
B区	0.10	0.00	0.09	0.09	0.28	高

续表

地区	人力资源	物力资源	财力资源	课程资源	民办老年教育资源供给充足性（I_{a_2}）	供给水平
K区	0.09	0.03	0.00	0.02	0.15	
O区	0.00	0.00	0.07	0.07	0.14	
M区	0.12	0.01	0.00	0.00	0.13	
A区	0.07	0.05	0.00	0.00	0.12	
I区	0.09	0.02	0.00	0.00	0.11	
D区	0.06	0.05	0.00	0.00	0.11	中等
S市均值	0.06	0.01	0.02	0.03	0.11	
J区	0.09	0.01	0.00	0.00	0.10	
E区	0.09	0.01	0.00	0.00	0.10	
N区	0.04	0.03	0.01	0.01	0.09	
G区	0.06	0.03	0.00	0.00	0.09	
F区	0.07	0.01	0.00	0.00	0.08	
C区	0.05	0.00	0.02	0.02	0.08	
H区	0.06	0.01	0.00	0.00	0.07	低
L区	0.06	0.01	0.00	0.00	0.07	
P区	0.03	0.00	0.01	0.01	0.06	

注：表中数据为标准化处理后的[0,1]区间结果，0不代表无，仅代表组内最低分。

按照自然断点法进行数据分级处理后发现，与公办老年教育资源供给充足性不同的是，民办老年教育资源供给并没有呈现出由中心城区向外围城区递减的趋势，外围城区相比中心城区资源供给充足性更高，这在一定程度上与公办老年教育资源形成了空间互补格局。

（三）S市老年教育资源供给充足性

依据四分法，S市老年教育资源供给充足性指数取值[0，1]，每0.25划分一个水平区间。从表5-5中可以看出，S市老年教育资源总体供给充足性为0.32，处于中等水平。各区老年教育资源供给充足性与人均GDP之间存在一定的线性关系，如图5-2所示。多数区人均GDP为20000—50000元，且老年教育资源供给充足性大多为中等。B区与A区老年教育

第五章　老年教育资源有效供给水平测量

资源供给充足性较高，但 B 区人均 GDP 并不高，这说明在人均 GDP 之外，仍然存在其他要素影响老年教育资源供给充足性。

表 5-5　S 市老年教育资源供给充足性指数水平

地区	民办老年教育资源供给充足性	公办老年教育资源供给充足性	老年教育资源供给充足性	供给水平
B 区	0.28	0.34	0.62	较高
A 区	0.12	0.43	0.55	
G 区	0.09	0.27	0.36	中等
J 区	0.10	0.26	0.36	
S 市均值	0.11	0.21	0.32	
M 区	0.13	0.17	0.30	
K 区	0.15	0.14	0.29	
E 区	0.10	0.19	0.29	
I 区	0.11	0.17	0.28	
L 区	0.07	0.21	0.28	
C 区	0.08	0.20	0.28	
H 区	0.07	0.19	0.26	
F 区	0.08	0.18	0.26	
N 区	0.09	0.16	0.25	低
O 区	0.14	0.11	0.25	
D 区	0.11	0.10	0.21	
P 区	0.06	0.13	0.19	

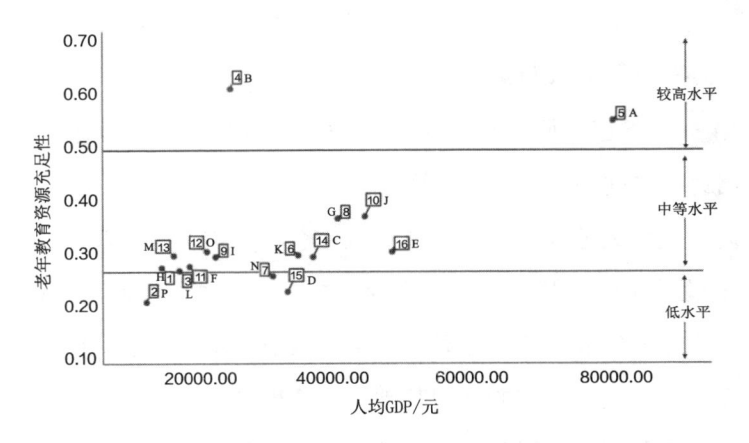

图 5-2　人均 GDP 与老年教育资源供给充足性的关系

S市老年教育资源供给的空间布局基本上符合S市老年人口密度及经济发展水平特点，中心城区老年教育资源供给相对充足，但越靠近外围，供给充足性越低。公办教育与民办教育的互相补充在一定程度上提升了老年教育资源供给充足性，大部分中心城区达到中等供给水平及以上，这与区域经济发展水平及老年人口密度等相对较为契合。

二、老年教育资源空间均衡性

（一）公办老年教育机构的空间可达性

空间可达性即空间交通的便捷程度，取决于老年人从居民点到公办老年教育机构所花费的时间。学校的选址与布局直接影响了其交通的可达性，当老年人到达老年教育机构的空间或时间阻力减小时，其参与老年教育的可能性会增大。本书采用ArcGIS中的栅格数据计算老年人从居民点到公办教育机构、民办教育机构的空间距离，以最短距离表征老年教育机构的空间可达性。为保证分析结果的精确性与各区之间的可比性，输出栅格设定为25米×25米，为遵循15分钟公共文化服务圈的理念，以及考虑到老年人出行的健康成本与距离成本，本书选择15分钟的步行路程（1000米）为搜索半径，计算方式选择最短距离分析法。

1. 公办老年教育机构最短距离指数

应用ArcGIS空间距离分析中的最短距离分析法对公办老年教育机构与各区居民点之间的距离进行计算，筛选距离最小值（见表5-6）。结果发现，距离居民点最近的公办老年教育机构在各区中均在100米以内，其中有五个区最近的公办老年教育机构设置在居民区内，方便居民就近学习。依据各区老年人口数计算公办老年教育机构最短距离的加权值，使空间距离的测算更符合人口分布的空间基础，计算出最短距离指数。其中，指数水平越高，表明居民点到公办老年教育机构的距离越小（采用反向计分）。

我们可以看出多数区的最短距离指数均大于0.8，且公办老年教育机构最短距离的空间分布呈现由中心城区向外围城区逐渐增大的趋势。

表5-6 居民点到公办老年教育机构最短距离指数

地区	最短距离/米	加权值	最短距离指数（B_1）
B区	0.096	0.003	1.000
A区	0.451	0.014	0.998
D区	0.888	0.024	0.997
J区	2.751	0.030	0.996
G区	1.999	0.058	0.991
E区	2.878	0.140	0.978
F区	8.018	0.242	0.962
I区	8.082	0.243	0.962
C区	14.508	0.469	0.926
O区	10.957	0.665	0.895
N区	13.324	0.794	0.875
L区	16.721	0.934	0.853
H区	31.708	0.976	0.846
K区	22.812	1.117	0.823
P区	70.445	2.961	0.531
M区	93.374	6.313	0.000

2. 公办老年教育机构平均最短距离指数

单个教育机构的最短距离仅代表部分空间布局情况，无法反映整体水平，取公办老年教育机构最短距离的均值进行测算后发现，只有A区公办老年教育机构与居民点之间的平均最短距离在1000米以内，I区、P区、O区等则在2000—4000米，外围城区公办老年教育机构分布密度低于中心城区（见表5-7）。依据各区老年人口数量结构测算出加权值，得出公办老年教育机构平均最短距离指数，只有8个区的平均最短距离指数大于0.8，其他地区的平均最短距离指数差异性相对较大。以自然断点法进行空间分析后发现，公办老年教育机构的平均最短距离在中心城区仍然较大，但在外围城区如L区与N区，其平均最短距离下降为一级水平，这表明尽管两区中部分公办老年教育机构距离居民点相对较近，但总体来看，公办老年教育机构的空间可达性相对较低。

表 5-7 居民点到公办老年教育机构平均最短距离指数

地区	平均最短距离/米	加权值	平均最短距离指数（B_2）
G区	1024.115	29.936	1.000
A区	967.170	30.558	0.997
J区	2797.236	30.578	0.997
D区	1244.396	33.096	0.985
C区	1237.206	40.000	0.951
F区	1432.415	43.249	0.935
B区	1272.435	45.074	0.926
E区	1034.669	50.447	0.900
H区	2571.249	79.140	0.759
I区	3221.012	96.960	0.672
P区	4210.745	176.996	0.280
O区	3314.106	201.221	0.161
K区	4261.451	208.690	0.125
N区	3843.001	228.886	0.026
L区	4127.818	230.476	0.018
M区	3463.186	234.157	0.000

3.公办老年教育机构空间均衡性指数

对公办老年教育机构最短距离与平均最短距离进行算数平均计算，得出空间均衡性指数，满分为 0.5 分。采用四分法，将公办老年教育机构空间均衡性划分为低均衡性（$0 \leq I_{b1} < 0.125$）、中等均衡性（$0.125 \leq I_{b1} < 0.25$）、较高均衡性（$0.25 \leq I_{b1} < 0.375$）、高均衡性（$0.375 \leq I_{b1} \leq 0.5$）。表 5-8 中数据分析结果显示，公办老年教育机构整体空间均衡性较高，且异质性相对较小。公办老年教育资源的空间分布基本上与公办老年教育机构的最短距离空间分布一致，呈现出由中心城区向外围城区逐渐增大的趋势，公办老年教育机构空间均衡性高的区域主要集中在中心城区及近郊区。

表 5-8　公办老年教育机构空间均衡性指数

地区	B_1	B_2	公办老年教育机构空间均衡性指数（I_{b1}）	均衡水平
A 区	0.998	0.997	0.499	高
J 区	0.996	0.997	0.498	
G 区	0.991	1.000	0.498	
D 区	0.997	0.985	0.495	
B 区	1.000	0.926	0.481	
F 区	0.962	0.935	0.474	
E 区	0.978	0.900	0.469	
C 区	0.926	0.951	0.469	
I 区	0.962	0.672	0.408	
H 区	0.846	0.759	0.401	
O 区	0.895	0.161	0.264	较高
K 区	0.823	0.125	0.237	
N 区	0.875	0.026	0.225	中等
L 区	0.853	0.018	0.218	
P 区	0.531	0.280	0.203	
M 区	0.000	0.000	0.000	低

利用 Python 调用百度地图 API 进行居民点耙取，共耙取到 19745 个居民点，中心城区居民点到公办老年教育机构的距离在 1000 米以内的共计 5127 个，占总居民点数的 25.97%，距离在 1500 米以内的共计 9510 个，占总居民点数的 48.16%，整个 S 市近半数居民点周边 1500 米内均布设有公办老年教育机构。在地理空间布局上，中心城区的居民点到公办老年教育机构的距离基本在 1500 米以内，其他城区的公办老年教育机构分布则相对分散。

（二）民办老年教育机构的空间可达性

1. 民办老年教育机构最短距离指数

应用 ArcGIS 空间距离分析中的最短距离分析法对民办老年教育机构与各区居民点之间的距离进行计算，筛选距离最小值（见表 5-9）。结果发现，距离居民点最近的民办老年教育机构分布在 I 区、J 区及 H 区，多数最短距离小于 100 米，这说明存在一定的便于老年人参与学习的民办老年教育机构。但与公办老年教育机构不同的是，民办老年教育机构最短距离的空间分布并没有明显呈现出从中心城区向外围城区逐渐增大的趋势，反而是在近郊城区表现出较高的民办老年教育机构空间可达性。

表 5-9 居民点到民办老年教育机构最短距离指数

地区	最短距离/米	加权值	最短距离指数（B_3）
I 区	2.377	0.072	1.000
J 区	13.286	0.145	0.992
H 区	5.735	0.177	0.989
D 区	7.872	0.209	0.985
E 区	12.776	0.623	0.940
B 区	18.389	0.651	0.937
O 区	14.607	0.887	0.911
L 区	17.309	0.966	0.902
K 区	22.809	1.117	0.886
A 区	42.426	1.340	0.861
C 区	43.191	1.396	0.855
G 区	63.975	1.870	0.803
P 区	96.114	4.040	0.566
F 区	212.104	6.404	0.307
N 区	121.212	7.219	0.218
M 区	136.169	9.207	0.000

2. 民办老年教育机构平均最短距离指数

进一步测算民办老年教育机构距离居民点的平均最短距离发现（见表 5-10），尚未有区域的平均最短距离小于 1000 米，民办老年教育机构的空间可达性相对低于公办老年教育机构。在远郊区，民办老年教育机构与居民点之间的距离甚至达到了 5000 米，对于老年人而言，出行成本相对较高。民办老年教育机构的空间分布基本上呈现了与公办老年教育机构相近的状态，经加权计算后的平均最短距离指数基本上呈现出从中心城区向外围城区逐渐增大的趋势。

表 5-10　居民点到民办老年教育机构平均最短距离指数

地区	平均最短距离/米	加权值	平均距离指数（B_4）
A区	1376.582	43.494	1.000
G区	1616.193	47.243	0.986
J区	4333.586	47.372	0.986
C区	1886.211	60.983	0.936
D区	2337.879	62.178	0.932
B区	2073.983	73.467	0.890
F区	2680.245	80.925	0.863
I区	2914.397	87.730	0.838
E区	1851.969	90.296	0.829
H区	3889.068	119.700	0.721
K区	3966.400	194.241	0.448
O区	3314.106	201.221	0.423
N区	4377.375	260.713	0.205
P区	6479.680	272.370	0.163
L区	5091.996	284.310	0.119
M区	4685.253	316.785	0.000

3. 民办老年教育机构的空间均衡性指数

对民办老年教育机构最短距离指数与平均最短距离指数进行加总计算后得出民办老年教育机构的空间均衡性指数，采用四分法，将民办老年教育机构空间均衡性划分为低均衡性（$0 \leqslant I_{b2} < 0.125$）、中等均衡性（$0.125 \leqslant I_{b2} < 0.25$）、较高均衡性（$0.25 \leqslant I_{b2} < 0.375$）、高均衡性（$0.375 \leqslant I_{b2} \leqslant 0.5$）。如表 5-11 所示，9 个区民办老年教育机构空间均衡性高，4 个区较高。从地理空间布局上看，中心城区与近郊区民办老年教育空间均衡性高，区域范围与公办老年教育机构相对一致。

表 5-11 民办老年教育机构空间均衡性指数

地区	B_3	B_4	民办老年教育机构空间均衡指数（I_{b2}）	均衡水平
J区	0.992	0.986	0.494	高
D区	0.985	0.932	0.479	高
A区	0.861	1.000	0.465	高
I区	1.000	0.838	0.460	高
B区	0.937	0.890	0.457	高
C区	0.855	0.936	0.448	高
G区	0.803	0.986	0.447	高
E区	0.940	0.829	0.442	高
H区	0.989	0.721	0.427	高
K区	0.886	0.448	0.334	较高
O区	0.911	0.423	0.333	较高
F区	0.307	0.863	0.292	较高
L区	0.902	0.119	0.255	较高
P区	0.566	0.163	0.182	中等
N区	0.218	0.205	0.106	低
M区	0.000	0.000	0.000	低

以居民点为要素计算居民点到民办老年教育机构之间的最短距离后发现，民办老年教育机构整体的空间聚集水平并不高，在 1000 米以内覆盖有民办老年教育机构的居民点共计 2360 个，占总居民点数的 11.95%，5158 个居民点 1500 米范围内拥有民办老年教育机构，占总居民点数的 26.12%。由于中心城区老年人口较为密集，因此在测算民办教育机构空间均衡性时发现，当前中心城区的民办老年教育机构数量并不能够很好地适应老年人口规模。

（三）S 市老年教育资源空间均衡性水平

根据公办老年教育机构、民办老年教育机构空间均衡性指数计算出老年教育机构空间均衡性指数，结果如表 5-12 所示。可以看出，S 市老年教育机构空间均衡性在区域上存在一定的差异，总体达到了 0.716，分布状态良好，10 个区老年教育机构空间均衡性高。中心城区及近郊区老年教育机构空间均衡性相对较高，这与公办老年教育机构空间可达性趋势相对一致。这说明当前公办老年教育机构的分布水平决定了整体老年教育机构的分布水平。

表 5-12　老年教育机构空间均衡性指数

地区	I_{b1}	I_{b2}	老年教育机构空间均衡性指数	均衡水平
J 区	0.498	0.494	0.992	高
D 区	0.495	0.479	0.974	
A 区	0.499	0.465	0.964	
G 区	0.498	0.447	0.945	
B 区	0.481	0.457	0.938	
C 区	0.469	0.448	0.917	
E 区	0.469	0.442	0.911	
I 区	0.408	0.460	0.868	
H 区	0.401	0.427	0.828	
F 区	0.474	0.292	0.766	
O 区	0.264	0.333	0.597	较高
K 区	0.237	0.334	0.571	
L 区	0.218	0.255	0.473	中等
P 区	0.203	0.182	0.385	
N 区	0.225	0.106	0.331	
M 区	0.000	0.000	0.000	低
全市	0.365	0.351	0.716	

三、老年教育资源供需耦合性

（一）抽样设计及样本分布

1. 抽样数量

在反映老年教育资源满意度时需要进行抽样调查，为保证抽样的科学性，本书采用分层抽样的方式，首先对抽样的样本容量进行计算。抽样必然伴随抽样误差，如果抽样误差用 σ_x 表示，抽样误差的允许范围用 δ 表示，抽样误差不超过某一允许范围的概率用 1−α 表示，σ 为总体标准差，$u_α$ 为将抽样误差控制在一定的置信区间（1−α）的 u 值，则可列出以下关系式：

$$\delta = u_α \times \sigma_x$$

$$\sigma_x = \frac{\sigma}{\sqrt{n}}$$

$$\delta = u_α \times \frac{\sigma}{\sqrt{n}}$$

$$n = \frac{u_α^2 \times \sigma^2}{\delta^2}$$

n 为满足右侧三个参数所需的最小样本量，预设 α 为 0.05，允许误差为 5%，则 $\delta = 0.05$，$u_{0.05} = 1.96$。在对 S 市 476 名老年人进行预调查时，样本的总体标准差为 1.1。因此，在大范围抽样时，将 σ 定义为 1.1。依据上式计算可知，在 S 市各区老年人中进行抽样调查要满足 95% 的置信区间，允许 5% 的抽样误差所需要的总样本量为 1537 份。因为本研究聚焦的群体为 60 岁及以上的老年人口，因此，需要进一步进行有限总体抽样的样本量矫正，计算公式如下：

$$n_C = \frac{n}{1 + \frac{n}{N}}$$

2. 抽样方式

为反映老年教育资源供需耦合性，本研究对 S 市各区采用分层抽样的方式展开问卷调查，调查数据主要包含基本人口统计学信息、老年人的教育支付能力、老年教育资源需求度及老年教育产出成效，用以反映老年人个体需求水平。老年人个体需求水平与社会需求水平共同构成老年教育资源需求指数，本研究进一步与老年教育资源供需指数进行耦合性分析。依据各区人口所占比例对各区样本量进行计算，结果如表 5-13 所示。共计发放了 2280 份调查问卷，回收有效问卷 2002 份，问卷有效率 87.8%，其中 N 区为采样缺失地区。

表 5-13　调查研究抽样分布

地区	理论抽样样本量 / 份	实际抽样样本量 / 份	有效样本量 / 份
H 区	103	200	186
P 区	76	120	114
N 区	53	—	—
B 区	90	110	97
A 区	101	150	113
K 区	65	100	74
O 区	52	100	82
G 区	109	150	135
I 区	105	200	179
J 区	291	350	317
F 区	105	150	138
M 区	47	100	96
L 区	57	100	88
C 区	98	150	134
D 区	119	200	174
E 区	65	100	75
全市	1537	2280	2002

3. 样本分布

如上所述，为反映各区老年群体的需求状况，针对 S 市老年人进行分层抽样，采取问卷星与纸质问卷相结合的方式。对于存在一定阅读障碍的被调查者，采取阅读题项询问结果的方式。调查对象中，女性有 1255 人，占比 62.7%，年龄主要集中于 60—75 岁，文化程度多为高中及大专，本市非农业户口人群占据 85.16%（见表 5-14）。

表 5-14　人口统计学资料

属性	分类	数量 / 人	属性	分类	数量 / 人
性别	男	747	月收入	2000 元及以下	118
	女	1255		2000—4000 元	651
年龄	60—65 岁	596		4000—6000 元	804
	65—70 岁	612		6000—8000 元	269
	70—75 岁	512		8000—10000 元	112
	75 岁及以上	282		10000 元及以上	48

续表

属性	分类	数量/人	属性	分类	数量/人
文化程度	小学及以下	65	婚姻状况	未婚	35
	初中	413		已婚	1780
	高中、中专或职业学校	697		分居	17
	大专	527		离婚	52
	本科	275		丧偶	118
	研究生及以上	25	工作单位	政府机关	91
居住状况	独居	120		事业单位	418
	和配偶一起	1501		企业	1089
	和父母一起	166		个体经营	99
	和子女一起	849		社会组织	112
	和孙辈一起	83		其他	193
	和兄弟姐妹一起	8	健康状况	很好	231
	养老机构	17		不错,但有常见病	253
户籍状况	本市非农业户口	1705		一般,受疾病困扰	422
	本市农业户口	126		差	588
	外地非农业户口	146		很差	508
	外地农业户口	25			

注:"居住状况"部分为多选。

(二)老年教育资源供给需求水平

1. 个体需求

(1)针对不同人口统计学变量对个体需求水平进行比较发现,在居住状况、性别、月收入与健康状况等方面,老年群体的教育资源需求水平存在显著组内差异(见表5-15)。分析结果发现,参与调查的群体中,教育资源需求水平随着年龄的增长而降低。月收入水平越高、健康状况越好的老年人,越表现出较高的教育资源需求水平。

表5-15 个体需求 × 人口统计学变量方差分析

类别	维度	个案数	平均值	标准偏差	F	p
地区	J区	317	0.5723	0.05846	30.435	0.000
	F区	138	0.477	0.04783		
	E区	75	0.4673	0.0428		

续表

类别	维度	个案数	平均值	标准偏差	F	p
地区	P 区	114	0.4643	0.0452		
	C 区	134	0.4588	0.05075		
	A 区	113	0.4537	0.05213		
	B 区	97	0.4522	0.04823		
	D 区	174	0.4482	0.04962		
	G 区	135	0.4472	0.05837		
	M 区	96	0.4454	0.05138		
	L 区	88	0.4376	0.0523		
	H 区	186	0.4368	0.0535		
	O 区	82	0.4365	0.04921		
	I 区	179	0.4326	0.05283		
	K 区	74	0.4244	0.05076		
年龄	60—65 岁	587	0.4575	0.08669	4.463	0.001
	65—70 岁	612	0.4558	0.08221		
	70—75 岁	512	0.4447	0.0854		
	75 岁及以上	282	0.4202	0.07921		
月收入	10000 元及以上	48	0.5929	0.09518	8.295	0.000
	8000—10000 元	112	0.5650	0.08644		
	6000—8000 元	269	0.5628	0.08824		
	4000—6000 元	804	0.5526	0.08561		
	2000—4000 元	651	0.5368	0.08374		
	2000 元及以下	118	0.5335	0.07784		
健康状况	很好	231	0.4053	0.10072	547.144	0.000
	不错，但有常见病	253	0.4818	0.08234		
	一般，受疾病困扰	422	0.5475	0.06298		
	差	588	0.6341	0.06083		
	很差	508	0.7165	0.0556		

注：该表格由多次比较平均值结果整合而成，按照每组平均值降序排列。

（2）对老年教育资源需求水平的研究同样采取四分法，数据进行标准化处理后，老年个体教育资源需求水平的满分为 0.723 分，将其划分为低需求水平（$0 \leqslant I_{c1} < 0.18075$）、中等需求水平（$0.18075 \leqslant I_{c1} < 0.3615$）、较高需求水平（$0.3615 \leqslant I_{c1} < 0.54225$）、高需求水平（$0.54225 \leqslant I_{c1} \leqslant 0.723$）。从表 5-16 可以看出除 D 区为高需求水平外，其他地区均为较高需求水平，

此外，各区的老年人在教育支付能力、教育资源满足度、教育产出成效与整体教育需求水平上存在显著差异。

表5-16 个体需求水平

	教育支付能力	教育资源满足度	教育产生成效	个体需求（I_{c_1}）	需求水平
D区	0.1459	0.1456	0.2829	0.5744	高
C区	0.1512	0.0281	0.2895	0.4688	较高
F区	0.1528	0.0153	0.3001	0.4682	
P区	0.1477	0.0152	0.3013	0.4642	
B区	0.1451	0.0167	0.2919	0.4537	
E区	0.1575	0.0157	0.2796	0.4528	
G区	0.1366	0.0215	0.2939	0.452	
A区	0.1503	0.0136	0.2878	0.4517	
J区	0.1609	0.021	0.2659	0.4478	
M区	0.1436	0.0241	0.2798	0.4475	
L区	0.1332	0.022	0.2898	0.445	
O区	0.1307	0.0147	0.2922	0.4376	
H区	0.1315	0.0181	0.2843	0.4339	
I区	0.1256	0.0193	0.2855	0.4304	
K区	0.1232	0.0302	0.2732	0.4266	
F	16.667	255.971	4.412	30.435	
p	0.000	0.000	0.000	0.000	

2. 社会需求

按照四分法将老年教育资源社会需求水平划分为：低需求水平（$0 \leq I_{c_2} < 0.06925$）、中等需求水平（$0.06925 \leq I_{c_2} < 0.1385$）、较高需求水平（$0.1385 \leq I_{c_2} < 0.20775$）、高需求水平（$0.20775 \leq I_{c_2} \leq 0.277$）。结果如表5-17所示，A区、O区、B区呈现出较高需求水平，各区社会需求水平存在显著性差异。

表5-17 社会需求水平

	人口结构	经济发展水平	社会需求	需求水平
A区	0.098	0.064	0.162	较高
O区	0.140	0.017	0.158	
B区	0.132	0.012	0.144	

续表

	人口结构	经济发展水平	社会需求	需求水平
G区	0.112	0.026	0.138	
E区	0.101	0.034	0.134	
D区	0.109	0.019	0.129	
P区	0.115	0.000	0.115	
C区	0.081	0.023	0.104	
J区	0.071	0.030	0.101	中等
F区	0.095	0.006	0.100	
M区	0.088	0.008	0.096	
K区	0.072	0.021	0.093	
N区	0.090	0.000	0.090	
H区	0.077	0.002	0.079	
L区	0.072	0.004	0.076	
I区	0.056	0.010	0.066	低
F	2.5646	5.61	4.31	
p	0.000	0.000	0.000	

3. 整体需求

按照四分法将老年教育资源整体需求水平划分为：低需求水平（$0 \leq I_c < 0.25$）、中等需求水平（$0.25 \leq I_c < 0.5$）、较高需求水平（$0.5 \leq I_c < 0.75$）、高需求水平（$0.75 \leq I_c \leq 1$）。样本区的教育资源整体需求水平如表5-18所示，除I区为中等需求水平外，其他地区均为较高需求水平，但区域之间仍然存在显著差异。与资源供给状态不同的是，中心城区与部分外围城区的老年教育资源整体需求水平较高。

表5-18 整体需求水平

	个体需求	社会需求	教育资源需求	需求水平
D区	0.5744	0.129	0.703	
A区	0.4517	0.162	0.614	
B区	0.4537	0.144	0.598	
O区	0.4376	0.158	0.595	较高
G区	0.452	0.138	0.590	
E区	0.4528	0.134	0.587	
P区	0.4642	0.115	0.579	

续表

	个体需求	社会需求	教育资源需求	需求水平
C区	0.4688	0.104	0.572	
F区	0.4682	0.100	0.569	
J区	0.4478	0.101	0.549	
M区	0.4475	0.096	0.544	较高
L区	0.445	0.076	0.521	
K区	0.4266	0.093	0.520	
H区	0.4339	0.079	0.513	
I区	0.4304	0.066	0.496	中等
F	30.435	4.30707	64.107	
p	0.000	0.000	0.000	

(三) S市老年教育资源供需耦合性

根据四分法对耦合协调度结果进行划分，老年教育资源供需耦合性如表5-19所示。结果发现，8个区的耦合系数达到了0.8，但进行协调度计算后发现，整体供需耦合协调度偏低，4个区的供需耦合性达到了较低水平，样本区需求水平明显高于供给水平。从空间布局上看，耦合系数C在中心城区及近郊区均呈现了较高水平，协调系数T在中心城区呈现了较高水平，整体供需耦合协调度D由中心城区向外围城区逐渐降低。

表5-19 老年教育资源供需耦合协调指数

地区	供给充足性	教育需求	耦合系数C	协调系数T	协调度D	耦合水平
B区	0.62	0.598	0.999	0.609	0.304	中等
A区	0.55	0.614	0.994	0.582	0.289	
G区	0.36	0.590	0.886	0.475	0.210	
J区	0.36	0.549	0.915	0.455	0.208	
M区	0.3	0.544	0.840	0.422	0.177	
E区	0.29	0.5869	0.784	0.438	0.172	
K区	0.29	0.520	0.845	0.405	0.171	较低
C区	0.28	0.572	0.779	0.426	0.166	
L区	0.28	0.521	0.828	0.400	0.166	
I区	0.28	0.496	0.851	0.388	0.165	
H区	0.26	0.513	0.797	0.387	0.154	

续表

地区	供给充足性	教育需求	耦合系数 C	协调系数 T	协调度 D	耦合水平
F区	0.26	0.569	0.742	0.414	0.154	较低
O区	0.25	0.595	0.694	0.423	0.147	
D区	0.21	0.703	0.502	0.457	0.115	
P区	0.19	0.579	0.554	0.384	0.106	

四、老年教育资源供给有效性

（一）老年教育资源整体供给状态

1. 公办老年教育机构

（1）专职教师整体上多于兼职教师。如图5-3所示，S市公办老年教育机构中的兼职教师相对较少，兼职教师数量在2013年达到了顶峰，比2012年增加了近800人，几乎翻了一番。2013年后，兼职教师规模逐渐减小，专职教师不断增多，总量呈现一定的增长趋势。

图5-3 S市老年教育师资规模

但依据每年参与老年教育的老年人口数量与教师数量进行测算发现，尽管教师规模在扩大，老年教育的生师比却在2008年后呈现了一定的下降趋势（见图5-4），2017年生师比为38.83。

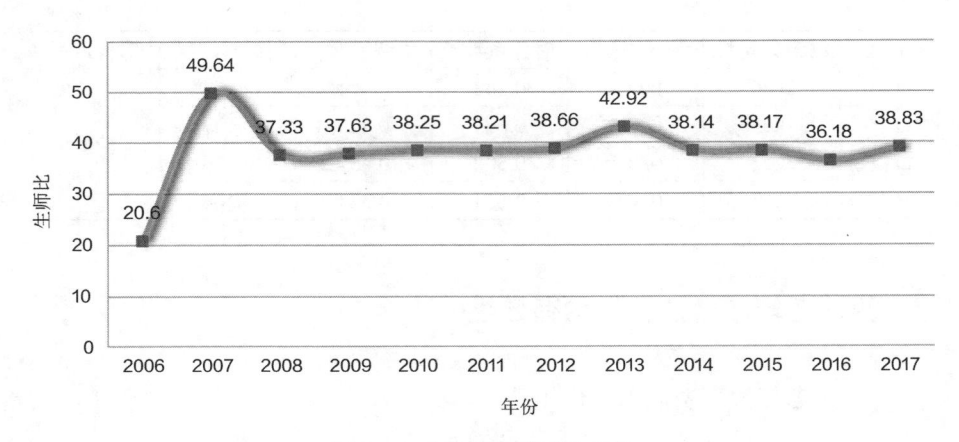

老龄时代的教育治理：老年教育资源如何有效供给？

图 5-4　S 市老年教育生师比

（2）政府投入为主要经费来源。对 S 市老年教育的历年资金投入进行分析发现，S 市公办老年教育机构中，政府投入一直占据主要位置，社会投入相对较少，学费收入呈现一定的上涨趋势，相比学生数量而言增量较小（见图 5-5）。

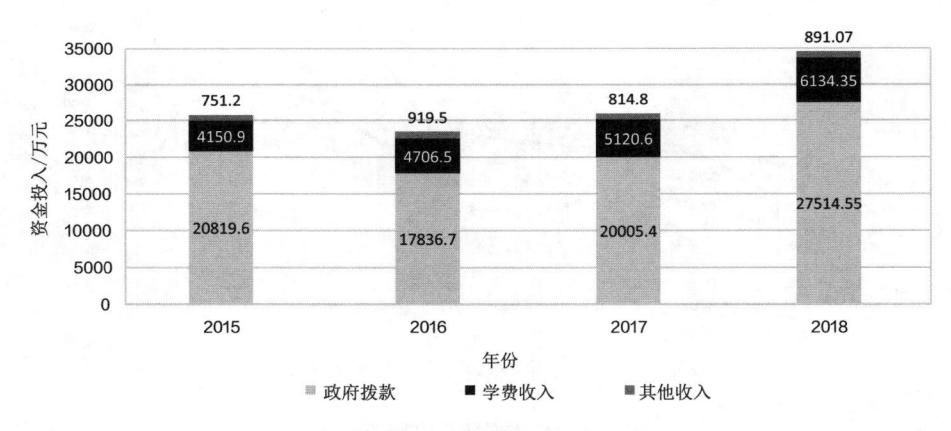

图 5-5　S 市老年教育资金投入

S 市公办老年教育机构采取政府补贴的福利教育模式，老年学习者花费较少的学费即可完成一学期的课程学习。在财力投入不断加大的情况下，老年教育机构的面积也在不断扩大，2006—2017 年，S 市老年教育机

132

构面积翻了近四倍，但由于参与老年教育的学习者数量不断提升，人均校舍面积基本维持在 1 平方米左右（见图 5-6）。

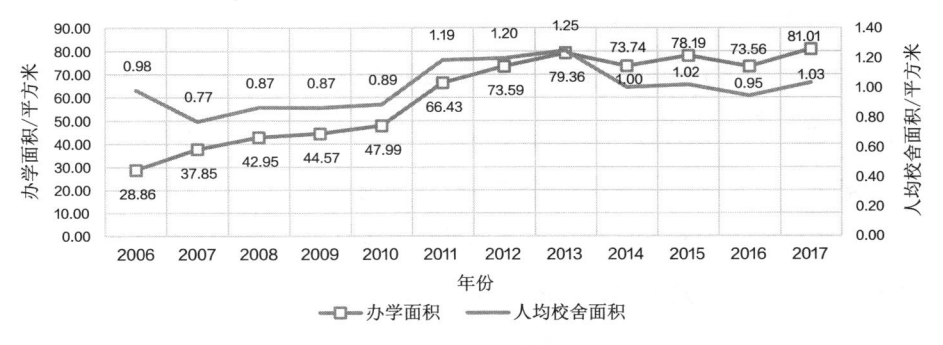

图 5-6　S 市老年教育校舍面积

2. 民办老年教育机构

（1）社会培训机构。截至 2018 年，S 市老年教育社会培训机构共计 104 个，总计投入经费 1599.68 万元，应用空间点位分布密度分析发现，当前老年教育社会培训机构的分布与公办老年教育机构一样，其密度呈现出由中心城区向外围城区逐渐减小的趋势。但由于社会力量参与较少，即使在分布密度最高的中心城区，每平方千米内的社会培训机构数量也不足 1 个，在远郊区则不足 0.03 个。

（2）养教结合点。依据《S 市老年教育统计汇编》数据，截至 2018 年，S 市共有 270 个养老机构，住养老人总数为 4.7 万人，养老机构主要以课程输送、送教上门等方式开展老年教育。养老机构拥有专职教师共计 1312 人，在养老机构参与学习的老年人共计 1.9 万人，生师比为 14.62，低于公办老年教育机构，教师资源供给量相对充足。为老年人提供的课程主要包含知识类、技能类、休闲娱乐类和保健类课程，其中休闲娱乐类与保健类课程的参与率总计达到 67%。养老机构的密度相对较低，一级密度区为 E 区、A 区与 G 区，密度为 0.36—0.7 个 / 千米^2，J 区、I 区等近郊区与 P 区、O 区等远郊区为四级密度区，不足 0.07 个 / 千米^2。

（二）S 市老年教育资源供给有效性

采用四分法，将老年教育资源供给有效性划分为低有效性（$0 \leqslant I < 0.25$）、中等有效性（$0.25 \leqslant I < 0.5$）、较高有效性（$0.5 \leqslant I < 0.75$）、高有效性（$0.75 \leqslant I \leqslant 1$）。结果发现，老年教育资源供给总体有效性为 0.414，达到中等有效性，其中四个区达到了较高有效性，但距离高有效性仍有差距。多数区老年教育资源供给有效性为中等，主要在于供给充足性与供需耦合性指数相对较低（见表 5-20）。各区老年教育资源供给有效性因人口规模、经济发展水平不同出现较大的差距，表现出从中心城区向外围城区逐渐递减的趋势，空间差异性相对明显。

表 5-20　老年教育资源供给有效性水平

地区	I_a	I_b	D	I	有效性水平
B 区	0.62	0.938	0.304	0.621	较高
A 区	0.55	0.964	0.289	0.601	
J 区	0.36	0.992	0.208	0.520	
G 区	0.36	0.945	0.210	0.505	
E 区	0.29	0.911	0.172	0.458	中等
C 区	0.28	0.917	0.166	0.454	
I 区	0.28	0.868	0.165	0.438	
D 区	0.21	0.974	0.115	0.433	
H 区	0.26	0.828	0.154	0.414	
F 区	0.26	0.766	0.154	0.393	
K 区	0.29	0.571	0.171	0.344	
O 区	0.25	0.597	0.147	0.331	
L 区	0.28	0.473	0.166	0.306	
P 区	0.19	0.385	0.106	0.227	低
M 区	0.3	0.000	0.177	0.159	
N 区	0.25	0.331	—	—	

（三）老年教育资源供给不足的问题表征

1. 整体供给水平偏低

在对供给总体充足性进行分析时发现，当前中心城区老年教育机构分布密度较高，A、B两个区域的老年人口密度在S市属于最高水平，两个区域每平方千米拥有8个以上公办老年教育机构，公办老年教育机构资源供给充足性也较高。各区民办老年教育机构资源供给水平的异质性相对较大，参与分析的16个区中仅有B区达到了高供给充足性，其他城区及S市总体仅达到中等供给充足性，而H区、L区及P区则只达到了低供给充足性。老年教育资源供给整体充足性存在较大的空间差异，样本区域中仅有2个区达到了较高充足性，且呈现了从中心城区向外围城区逐渐递减的趋势，与公办老年教育机构资源供给充足性变化规律基本一致。N区、O区、P区等由于人均教育资源占有量低，资源供给充足性较低。

2. 空间资源的占有与分配不均

在对老年教育资源空间均衡性进行分析时发现，S市老年教育资源空间均衡性指数相对较为理想，超过半数区的老年教育资源为高空间均衡性，公办老年教育机构与民办老年教育机构的空间均衡性差异不大，高空间均衡性区域基本集中于中心城区及部分近郊城区。P区、O区、L区等远郊区则尚未达到理想的空间均衡性，这与公办老年教育机构、社会培训机构等的分布密度直接相关。中心城区的老年教育机构普遍距离居民点1500米以内，但满足15分钟公共文化服务圈概念的仅有A区。此外，从人均资源占有量来看，在远郊区，不仅老年教育机构密度相对较低，人均资源占有量也与中心城区存在一定的差距，存在资源分配不均的问题。

3. 资源供给难以适配需求

在进行供需耦合性指数分析时发现，样本区整体供需耦合性指数较低，仅有A、B两个中心城区的供需耦合性达到了中等水平，其他区则为低水平,这说明当前资源供给量难以匹配地区的教育资源需求水平。各区域老年群体的教育资源需求水平均较高,部分外围城区老年群体的学习需求甚至高于中心城区,但在资源的空间分布上却呈现了中心城区较为密集的状态。因此,老年教育资源的整体需求响应水平相对较低,仍需增加人均资源占有量,满足老年群体的学习需求。

第六章 老年教育资源有效供给的影响因素

一、老年教育资源有效供给的影响因素剖析

（一）老年教育资源有效供给的环境动因

探讨老年教育资源有效供给的外在驱动力，实际上是将老年教育资源有效供给问题放置在一个政治、经济、文化环境不断变更的城市社会动态发展背景之下，考量不同城市背景因素对老年教育资源有效供给的影响。诚如经济学领域对资源的本质属性强调的一样，资源自诞生之时，其特征便是稀缺性。老年教育资源有效供给作为一项系统性工程，受到教育资源生产过程中经济、社会及人口发展特征等背景要素的影响。

1. 经济发展水平

根据对老年教育发展历程的分析可知，国际层面的老年教育普遍诞生于20世纪60—80年代，正值二战之后的经济复苏期。法国老年教育诞生于经济黄金期，GDP年均增长率高达5.7%，法国政府的预算资本充足，因此法国将老年教育列为国家第八发展计划，为老年教育提供了4.8亿法郎的巨资，为全国第三年龄大学的建设提供了资金保障。英国的老年教育同样诞生于经济黄金期，保守党执政期间经济连续8年稳定增长，1981—1986年GDP年均增长率为3%，1987年达到4.5%。在英国第三年龄大学

独立运作的基础上，英国政府依然拨出 100 万英镑支持老年教育的发展。美国老年教育兴起于 1964 年，当时 GDP 年均增长率保持在 4.4%，经济形势向好。我国老年教育诞生时，人均 GDP 只有 225 美元，经济发展水平与西方国家存在较大的差距，但随着改革开放政策的实施，经济增速势头良好，为老年教育的发展奠定了一定的经济基础。综合分析，各国老年教育均诞生于政府财力相对充足、GDP 年均增长率较高，劳动力就业结构稳定的经济增长利好阶段。故本书认为地区经济发展水平对老年教育资源供给有效性具有正向影响，提出以下研究假设。

H1：人均 GDP 对老年教育资源供给有效性具有正向影响。

H2：人均 GDP 增长率对老年教育资源供给有效性具有正向影响。

2. 人口数量结构

桑代克在《人的生命力和社会秩序》中提出"人口老龄化程度对生产率的提高有抑制作用，随时间的推移，50 岁以后，每增加一岁劳动能力就下降 1%—2%"[1]。在老年教育诞生初期，西方国家开始推行提前退休政策，在劳动力充足的情况下，通过引导老年人提前退休，释放工作岗位给年轻人，那么对于离退休的老年人而言，如何度过晚年生活，便成了政府在执行福利保障项目时关切的问题。我国老年教育诞生之时，我国人口老龄化程度较低，但由于东部、中部、西部人口结构存在一定的差异，且在老年教育诞生之后，第一代生育高峰期出生的人群开始步入退休阶段，我国与西方发达国家一样受到了人口结构变化的影响。老年人口数量的增长带来的是老年教育资源需求总量的增加，那在同等供给水平下，人均资源占有量会随着老年人口的增加而减少，老年教育资源的充足性将下降。与此同时，老年人口的集聚会带来一定程度的资源增长，老年人口教育资源需求程度的提升，会形成一定的市场需求张力，引发一定的资源集聚效应，吸

---

[1] 石霞. 劳动力老龄化现象应当关注 [N]. 学习时报，2011-10-10（1）.

引部分市场力量参与老年教育资源有效供给。因此，本书提出以下研究假设。

H3：人口老龄化率对老年教育资源供给充足性具有负向影响。

H4：老年人口密度对老年教育资源供给有效性具有正向影响。

（二）老年教育资源有效供给的主体动因

政府与市场在老年教育资源有效供给中扮演了提供者的角色，主要通过资金投入的方式直接生产或间接生产老年教育资源，而非营利组织的公益性决定了其主要依托政府、市场或学习者投入为老年人生产教育资源。因此，在老年教育资源有效供给中，政府、市场及双方协同力量在保障老年教育资源有效供给稳定性及充足性上具有重要支撑作用，关系路径如图6-1所示。

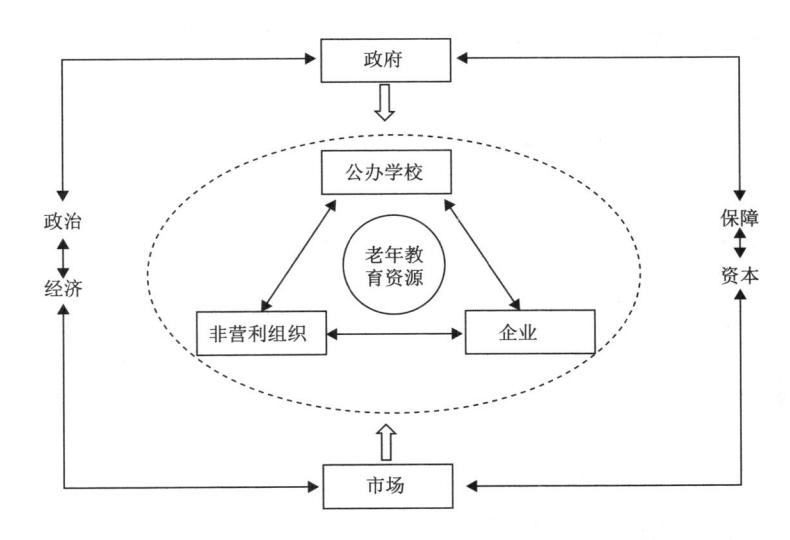

图 6-1 老年教育资源有效供给中的主体驱动力

1.政府力

在诞生初期以休闲娱乐为导向的老年教育的直接经济价值相对偏小，老年教育作为准公共产品通常依靠政府公共财政支出。随着老年教育资源需求量不断增加，社会组织、企业开始进入老年教育资源有效供给领域，它们对老年教育的投入同样对老年教育资源有效供给水平产生重要的影响。当政府对老年教育的投资相对充足时，老年教育的发展便可以得到充分的保障；当政府财力下降，无法支持老年教育事业时，最初具有福利性质的老年教育资源有效供给就会受到影响。这一点在法国老年教育资源有效供给历程中体现得十分明显，法国是世界上第一个建立第三年龄大学的国家，其老年教育与其他教育形式一样，采用中央集权制的管理方式。法国老年教育从最初的兴盛走向沉寂再到复兴，主要经历了财政收入充盈、严重财政赤字、财政赤字率跌破3%的政府财政能力变化过程。老年教育发展受制于国家社会保障水平的原因在于资源供给的核心行动者是政府，老年教育发展的原始动力来自政府投入。当政府社会保障水平开始下降时，老年教育资源有效供给的规模也开始出现萎缩，根本原因在于政府在财力资源紧张的情况下，无法为老年教育提供财力支持。依据上述分析，本书提出以下研究假设。

H5：政府资金投入对老年教育资源供给有效性具有正向影响。

2. 市场力

进入20世纪90年代，世界各国的经济发展带来了受教育水平的逐步提高，西方婴儿潮一代逐步进入退休年龄，良好的受教育水平、较高的社会地位、更自由的财务状况使得婴儿潮一代的退休观念发生了巨大变化，转向积极老龄化与生产性老龄化，新一代老年人变得更加积极融入与参与社会生活。由于老年人消费能力与教育需求不断上涨，政府和社区的灵活度变大，市场力量开始逐渐介入老年教育资源有效供给，包括企业、社会培训机构和非营利组织在内的教育机构逐渐增多。尽管老年教育诞生时多数国家将之视为福利与社会保障事业，主要由政府来提供，但老年教育资源存在一定的排他性，当一部分人享用了有限的课程资源时，另一部分人会失去享受教育资源的机会。因此纯粹的政府供给会产生政府失灵问题，市场力量的介入可以很好缓解老年教育资源供不应求的问题，本书提出以下研究假设。

H6：市场资金投入对老年教育资源供给有效性具有正向影响。

3. 协同力

欧盟最初倡导终身教育时强调，终身教育的发展需要各方利益相关者的协同参与，老年教育也同样如此。歌兰蒂斯（Gladdish）也在研究中提出老年教育资源供给的有效性有赖于合作伙伴关系的建立，政府、市场与社会组织对老年教育的参与有助于提高资源有效供给水平。[1]纽曼应用社会资本框架分析老年教育资源有效供给问题时提出，老年教育资源有效供给的各个主体——政府、市场、非营利组织应朝着共同的教育目标前进，其特点是互惠互利和赋权。[2]法国、英国的实践表明，单纯的政府供给和非营利组织的供给都难以适应老年教育的发展规律，只有多方力量协同供给时才能够达到资源有效供给水平最大化。因此本书提出以下研究假设。

H7：政府与市场的协同供给力对老年教育资源供给有效性具有正向影响。

（三）不同影响因素之间的结构关系

老年教育资源的有效供给是通过识别和解决对老年个体、社区和整个社会具有意义的关键问题，提供相应的学习资源来实现的，这就要求必须探寻持续有效供给资源的动力机制。如图6-2所示，将老年教育资源有效供给根植于社会发展的具体情境之中，从外部环境因素和内部主体因素两个角度解析不同要素对老年教育资源有效供给的影响机制，发现人口结构、经济水平不仅决定了老年人这一群体的规模与特征，同样也决定了行

---

[1] Gladdish L. Learning, Participation and Choice: A guide for Facilitating Older Learners[M]. Leicester: NIACE，2010.
[2] Newman S, Hatton-Yeo A. Intergenerational learning and the contributions of older people[J]. Ageing Horizons，2008，8（10）：31-39.

动者的关系属性和资源投入结构。

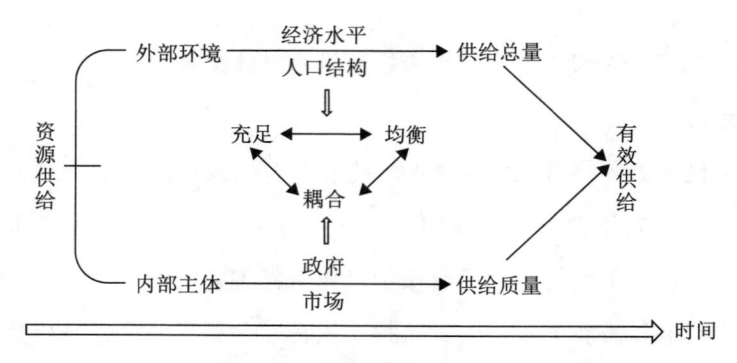

图 6-2 老年教育资源有效供给影响因素模型

老年教育资源有效供给的结构会随着社会经济和工业结构的变化不断革新。而行动者供给的内容、结构、形式，既取决于既有的制度框架，又取决于个体和社会的需求，但根本动力仍然是行动主体的权责与利益分配。行动者的作用和权力关系调整、冲突与合作、互动与学习都成为老年教育资源有效供给结构变化的根源性动力。在影响因素模型中，人口老龄化水平与经济发展水平共同构成了影响老年教育资源供给有效性的外部环境变量，政府投入与市场投入共同构成了供给主体变量，两者作为原因变量对老年教育资源供给有效性具有显著的正向影响。老年教育资源供给有效性水平主要通过对供给充足性、空间均衡性及供需耦合性的测量结果进行表征，并据此汇总出本研究的研究假设（见表 6-1）。

表 6-1 本书假设汇总

编号	内容
H1	人均 GDP 对老年教育资源供给有效性具有正向影响
H2	人均 GDP 增长率对老年教育资源供给有效性具有正向影响
H3	人口老龄化率对老年教育资源供给充足性具有负向影响
H4	老年人口密度对老年教育资源供给有效性具有正向影响
H5	政府投入对老年教育资源供给有效性具有正向影响
H6	市场投入对老年教育资源供给有效性具有正向影响
H7	政府与市场的协同供给力对老年教育资源供给有效性具有正向影响

二、老年教育资源有效供给的影响因素验证

（一）经济发展水平

经济发展水平是老年教育发展的物质基础，良好的经济条件不仅为教育活动提供了物质基础，还对教育提出了更多的客观要求。地区经济发展水平对老年教育的影响主要体现在政府对老年教育投入的能力上，地区经济发展水平决定了一个地区拥有物质资源的程度和实现教育目标、满足教育需求的能力。

1. 人均 GDP

绘制人均 GDP 与老年教育资源供给有效性及各维度之间的矩阵散点图（见图 6-3），可以发现人均 GDP 与供给有效性的总体水平及各分维度水平之间均存在正向的线性关系。

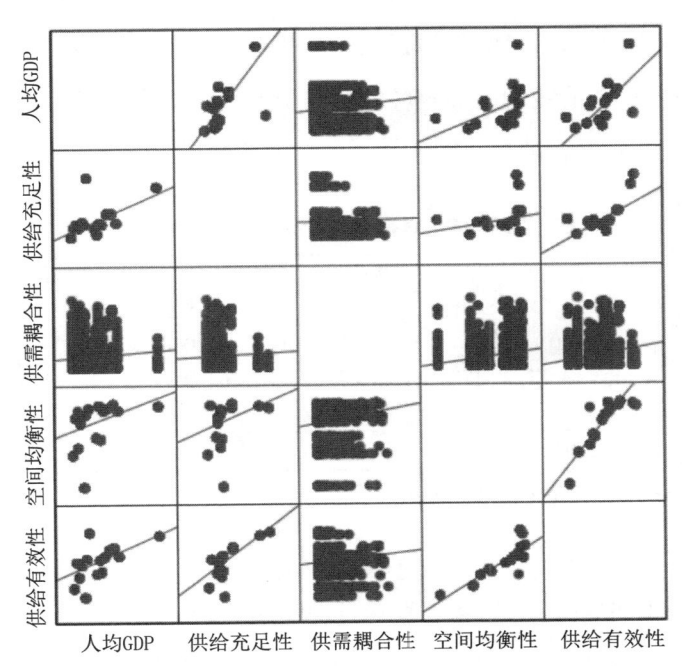

图 6-3 人均 GDP 与资源供给有效性及各维度矩阵散点

应用皮尔逊相关系数对人均 GDP 与老年教育资源供给有效性及各维度之间的关系进行分析发现，人均 GDP 与各维度之间均存在 0.001 层面的极显著相关关系（见表 6–2）。

表 6–2　人均 GDP 与老年教育资源供给有效性及各维度相关系数

	人均 GDP	供给充足性	供需耦合性	空间均衡性	供给有效性
人均 GDP	1	0.777***	0.096***	0.412***	0.664***
供给充足性	0.777***	1	0.040	0.281***	0.662***
供需耦合性	0.096***	0.040	1	0.168***	0.151***
空间均衡性	0.412***	0.281***	0.168***	1	0.905***
供给有效性	0.664***	0.662***	0.151***	0.905***	1

注：*** 在 0.001 级别（双尾），相关性显著。

为验证人均 GDP 与老年教育资源供给有效性及各维度之间的因果关系，分别将人均 GDP 作为自变量，供给充足性、空间均衡性、供需耦合性和供给有效性作为因变量进行线性回归分析，整理后的分析结果如表 6–3 所示。可以看出人均 GDP 作为自变量对资源供给有效性及各维度均存在 0.001 层面极显著的线性回归效应，这说明人均 GDP 决定了老年教育资源供给有效性，研究假设 H1 成立。

表 6–3　人均 GDP 对资源供给有效性及各维度的影响

	供给充足性	供需耦合性	空间均衡性	供给有效性
人均 GDP	55.283*** （0.000）	4.267*** （0.000）	20.227*** （0.000）	39.766*** （0.000）
常数项	126.060*** （0.000）	17.539*** （0.000）	94.459*** （0.000）	137.769*** （0.000）
样本数	2002	2002	2002	2002

注：*** $p<0.001$，极显著回归效应。

2. 人均 GDP 增长率

从人均 GDP 增长率与老年教育资源供给有效性及各维度之间的矩阵散点图（见图 6–4）中可以看出，人均 GDP 增长率与各维度之间存在一定程度的线性关系。

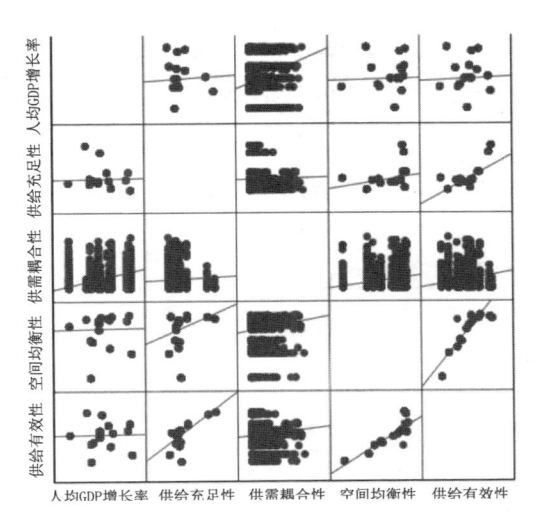

图 6-4　人均 GDP 增长率与资源供给有效性及各维度矩阵散点

相关分析结果表明人均 GDP 增长率与老年教育资源供给充足性之间存在 0.01 层面的显著相关关系，与供需耦合性之间存在 0.001 层面的极显著相关关系，与空间均衡性之间存在 0.05 层面的显著相关关系，而与总体有效性之间存在 0.01 层面的显著相关关系（见表 6-4）。

表 6-4　人均 GDP 增长率与资源供给有效性及各维度相关系数

	人均 GDP 增长率	供给充足性	供需耦合性	空间均衡性	供给有效性
人均 GDP 增长率	1	0.059**	0.327***	0.054*	0.063**
供给充足性	0.059**	1	0.040	0.281***	0.662***
供需耦合性	0.327***	0.040	1	0.168***	0.151***
空间均衡性	0.054*	0.281***	0.168***	1	0.905***
供给有效性	0.063**	0.662***	0.151***	0.905***	1

注：*** 在 0.001 级别（双尾），相关性显著。** 在 0.01 级别（双尾），相关性显著。* 在 0.05 级别（双尾），相关性显著。

从表 6-5 回归分析结果可以发现，人均 GDP 增长率与供需耦合性之间存在 0.001 层面的极显著回归效应，与供给充足性和总体有效性之间存在 0.01 层面的显著回归效应，与空间均衡性之间存在 0.05 层面的显著回归效应。研究假设 H2 成立。

表 6-5 人均 GDP 增长率对资源供给有效性及各维度的影响

	供给充足性	供需耦合性	空间均衡性	供给有效性
人均 GDP 增长率	2.637** (0.008)	15.313*** (0.000)	2.424* (0.015)	2.820** (0.005)
常数项	17.774*** (0.000)	11.034*** (0.000)	17.020*** (0.000)	21.529*** (0.000)
样本数	2002	2002	2002	2002

注：*** $p<0.001$，极显著回归效应。** $p<0.01$，显著回归效应。* $p<0.05$，显著回归效应。

（二）人口结构

1. 人口老龄化率

根据图 6-5 可知，人口老龄化率与老年教育资源供给充足性、供需耦合度及供给有效性之间存在一定的负向关系。相关分析结果表明，人口老龄化率与老年教育资源供给充足性、供需耦合性和供给有效性之间存在显著的负相关关系，与空间均衡性之间不存在显著的相关关系，但其影响是正向的（见表 6-6）。

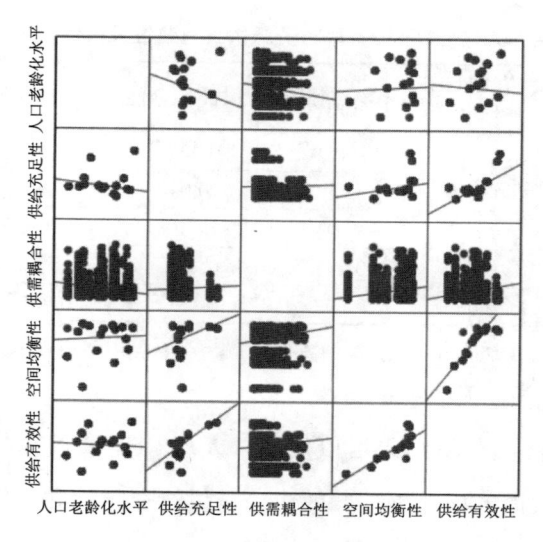

图 6-5 人口老龄化率与资源供给有效性及各维度矩阵散点

表 6-6　人口老龄化率与资源供给有效性及各维度相关系数

	人口老龄化率	供给充足性	供需耦合性	空间均衡性	供给有效性
人口老龄化率	1	−0.227***	−0.147***	0.038	−0.079***
供给充足性	−0.227***	1	0.040	0.281***	0.662***
供需耦合性	−0.147***	0.040	1	0.168***	0.151***
空间均衡性	0.038	0.281***	0.168***	1	0.905***
供给有效性	−0.079***	0.662***	0.151***	0.905***	1

注：*** 在 0.001 级别（双尾），相关性显著。

从表 6-7 中回归分析结果可以发现，人口老龄化率对老年教育资源供给充足性产生显著的负向影响，研究假设 H3 成立。不仅如此，人口老龄化率的提升还会导致供需耦合性和供给有效性下降，也就意味着，在老龄化水平不断提升的背景下，若不加大老年教育资源有效供给将导致整体老年教育资源供给有效性下降。

表 6-7　人口老龄化率对资源供给有效性及各维度的影响

	供给充足性	供需耦合性	空间均衡性	供给有效性
人口老龄化率	−10.428*** （0.000）	−6.566*** （0.000）	1.694 （0.090）	−3.539*** （0.000）
常数项	83.341*** （0.000）	19.857*** （0.000）	67.478*** （0.000）	89.598*** （0.000）
样本数	2002	2002	2002	2002

注：*** $p<0.001$，极显著回归效应。

2. 老年人口密度

依据矩阵散点图的数据形态可知，老年人口密度与资源供给充足性、空间均衡性及供给有效性之间存在正向的线性关系，与供需耦合性之间存在一定的负向线性关系（见图 6-6）。相关分析结果表明，老年人口密度与老年教育资源供给充足性、空间均衡性和供给有效性之间存在 0.001 层面的极显著的正相关关系，与供需耦合性之间却存在极显著的负相关关系（见表 6-8）。

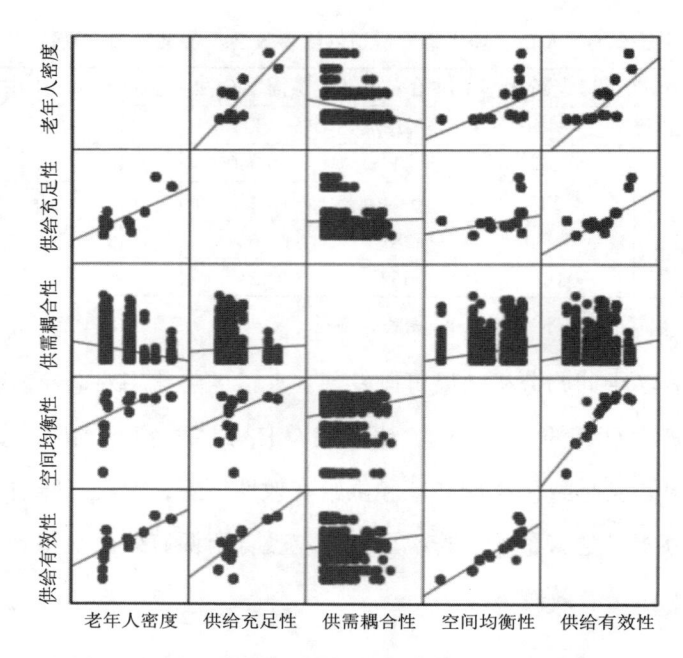

图 6-6　老年人口密度与资源供给有效性及各维度矩阵散点

表 6-8　老年人口密度与资源供给有效性及各维度相关系数

	老年人口密度	供给充足性	供需耦合性	空间均衡性	供给有效性
老年人口密度	1	0.695***	−0.189***	0.440***	0.646***
供给充足性	0.695***	1	0.040	0.281***	0.662**
供需耦合性	−0.189***	0.040	1	0.168***	0.151***
空间均衡性	0.440***	0.281***	0.168***	1	0.905***
供给有效性	0.646***	0.662**	0.151***	0.905***	1

注：*** 在 0.001 级别（双尾），相关性显著。

从表 6-9 回归分析结果可以看出，老年人口密度与老年教育资源供给充足性、空间均衡性之间存在显著的正向回归效应，而与供需耦合性之间存在显著的负向回归效应，根本原因在于尽管人口密度增大带来了一定程度的资源总量倾斜，但适应老年群体多元化的学习需求也带来了一定程度的挑战，且满足需求的挑战更大。总体而言，老年人口密度与老年人教育资源供给有效性之间存在极显著的正向回归效应，研究假设 H4 成立。

表 6-9　老年人口密度对资源供给有效性及各维度的影响

	供给充足性	供需耦合性	空间均衡性	供给有效性
老年人口密度	43.219[***] （0.000）	−5.485[***] （0.000）	21.904[***] （0.000）	37.851[***] （0.000）
常数项	141.383[***] （0.000）	28.666[***] （0.000）	114.436[***] （0.000）	165.186[***] （0.000）
样本数	2002	2002	2002	2002

注：[***] $p<0.001$，极显著回归效应。

（三）政府投入

在老年教育资源有效供给中，政府主要出台政策、规划老年教育资源投入模式、为老年教育资源的建设提供资金支持等，对老年教育资源有效供给的规模具有重要影响，在老年教育资源有效供给中扮演了重要的主导性角色。为验证政府在老年教育资源有效供给中的角色与作用，绘制矩阵散点图。从图 6-7 可以看出政府投入与老年教育资源供给充足性、空间均衡性和供给有效性之间呈现了明显正向的线性趋势。表 6-10 中相关分析结果表明政府投入与老年教育资源供给充足性、空间均衡性和供给有效性之间均存在极显著的正相关关系，与供需耦合性之间存在极显著的负相关关系。

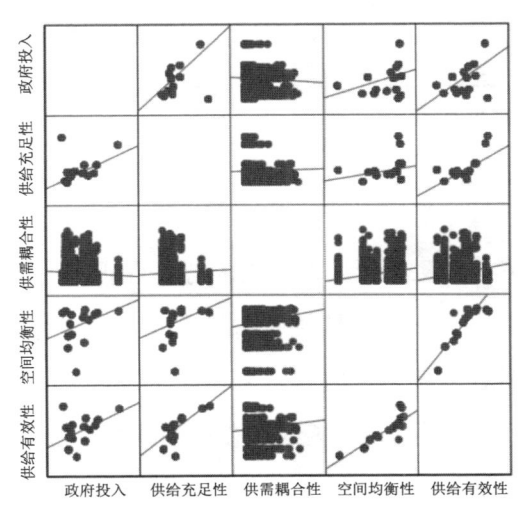

图 6-7　政府投入与资源供给有效性及各维度矩阵散点

表 6-10 政府投入与资源供给有效性及各维度相关系数

	政府投入	供给充足性	供需耦合性	空间均衡性	供给有效性
政府投入	1	0.666***	−0.063***	0.370***	0.588***
供给充足性	0.666***	1	0.040	0.281***	0.662***
供需耦合性	−0.063***	0.040	1	0.168***	0.151***
空间均衡性	0.370***	0.281***	0.168***	1	0.905***
供给有效性	0.588***	0.662***	0.151**	0.905**	1

注：*** 在 0.001 级别（双尾），相关性显著。

从表 6-11 回归分析结果可以看出，政府投入与老年教育资源供给充足性、空间均衡性之间存在 0.001 层面的极显著的正向回归效应，与供需耦合性之间存在显著的负向回归效应。整体而言，政府投入与供给有效性之间存在极显著的正向回归效应，研究假设 H5 成立。回归分析结果也从另一个角度反映了单一政府投入难以满足老年群体日趋多元化的教育需求。

表 6-11 政府投入对资源供给有效性及各维度的影响

	供给充足性	供需耦合性	空间均衡性	供给有效性
政府投入	39.962*** （0.000）	−2.799** （0.005）	17.812*** （0.000）	32.513*** （0.000）
常数项	65.708*** （0.000）	17.089*** （0.000）	61.307*** （0.000）	82.135*** （0.000）
样本数	2002	2002	2002	2002

注：*** $p<0.001$，极显著回归效应。

（四）市场投入

矩阵散点图 6-8 结果显示，市场投入与供需耦合性、空间均衡性和供给有效性之间呈现一定的正向线性关系。表 6-12 的分析结果表明，市场投入与供需耦合性、空间均衡性和供给有效性之间存在 0.001 层面的极显著的正相关关系，与供给充足性之间却存在极显著的负相关关系。

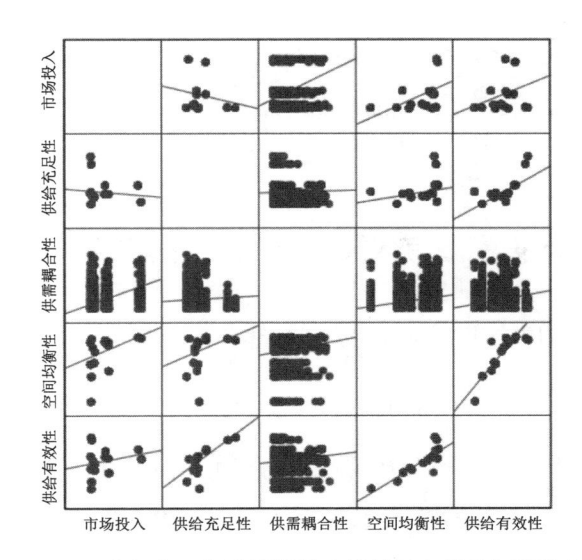

图 6-8 市场投入与资源供给有效性及各维度矩阵散点

表 6-12 市场投入与资源供给有效性及各维度相关系数

	市场投入	供给充足性	供需耦合性	空间均衡性	供给有效性
市场投入	1	−0.108***	0.431***	0.469***	0.316***
供给充足性	−0.108***	1	0.040	0.281***	0.662***
供需耦合性	0.431***	0.040	1	0.168***	0.151***
空间均衡性	0.469***	0.281***	0.168***	1	0.905**
供给有效性	0.316***	0.662***	0.151***	0.905***	1

注：*** 在 0.001 级别（双尾），相关性显著。

从回归分析结果可以看出，市场投入对供给充足性具有显著的负向影响，但对供需耦合性和空间均衡性具有显著的正向影响。整体而言，市场投入对于提升供给有效性具有极显著的正向影响（见表 6-13），研究假设 H6 成立。

表 6-13 市场投入对资源供给有效性及各维度的影响

	供给充足性	供需耦合性	空间均衡性	供给有效性
市场投入	−4.869*** （0.000）	21.082*** （0.000）	23.724*** （0.000）	14.870*** （0.000）
常数项	87.669*** （0.000）	0.415 （0.678）	70.067*** （0.000）	92.201*** （0.000）

续表

样本数	供给充足性	供需耦合性	空间均衡性	供给有效性
	2002	2002	2002	2002

注：*** $p<0.001$，极显著回归效应。

三、老年教育资源有效供给影响因素的内在关系

（一）经济因素对供给主体投入的影响

图6-9表明，人均GDP的提升与政府及市场的投入均存在正向的线性关系，人均GDP增长率则与政府投入存在负向的线性关系。表6-14的相关分析结果表明，人均GDP与政府投入、市场投入及协同供给力之间存在极显著的正相关关系，人均GDP增长率与政府投入之间存在极显著的负相关关系，与市场投入和协同供给之间存在极显著的正相关关系。

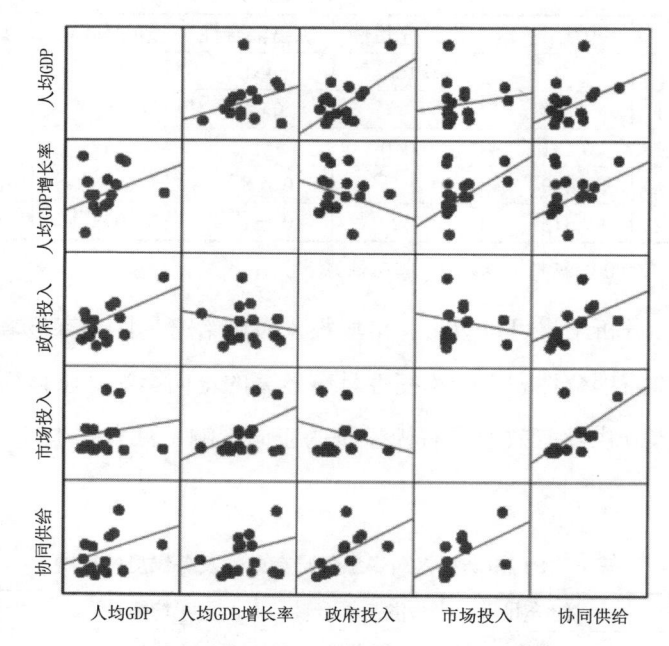

图6-9 经济因素与供给主体投入的关系矩阵

表 6-14　经济因素与供给主体投入相关系数

	人均GDP	人均GDP增长率	政府投入	市场投入	协同供给
人均GDP	1	0.353***	0.552***	0.165***	0.400***
人均GDP增长率	0.353***	1	−0.238***	0.551***	0.382***
政府投入	0.552***	−0.238***	1	−0.222***	0.484***
市场投入	0.165***	0.551***	−0.222***	1	0.583***
协同供给	0.400***	0.382***	0.484***	0.583***	1

注：*** 在 0.001 级别（双尾），相关性显著。

从表 6-15 回归分析结果可以发现，人均 GDP 的升高，与政府投入及协同供给之间存在极显著的正向回归效应，对市场投入具有一定的正向影响但影响并不显著。人均 GDP 增长率的提升，则会极显著地促进市场投入，政府投入会显著下降，整体协同供给水平依然会显著提升。这说明了政府与市场在老年教育资源有效供给中是一对互补力，当人均 GDP 升高，政府可以发挥自身的财力基础作用，为老年教育资源注入资本；当人均 GDP 增长率提升，市场活力得到激发，市场参与老年教育资源有效供给的能力增强，政府可以采取适当的措施鼓励市场力量的介入。

表 6-15　经济因素对供给主体投入的影响

	政府投入	市场投入	协同供给
人均GDP	43.741*** （0.000）	1.680 （0.093）	14.435*** （0.000）
人均GDP增长率	−29.760*** （0.000）	28.266*** （0.000）	13.062*** （0.000）
常数项	39.157*** （0.000）	18.349*** （0.000）	6.075*** （0.000）
样本数	2002	2002	2002

注：*** $p<0.001$，极显著回归效应。

（二）人口因素对供给主体投入的影响

依据图 6-10，人口老龄化率与政府投入、市场投入及协同供给之间均存在负向的线性关系，而老年人口密度与政府投入和协同供给之间存在正向的线性关系。从表 6-16 相关分析结果可以发现，人口老龄化率与政府投入、市场投入和协同供给之间存在显著的负相关关系，老年人口密度与政府投入和协同供给之间存在显著的正相关关系，与市场投入之间不存在显著的相关关系。

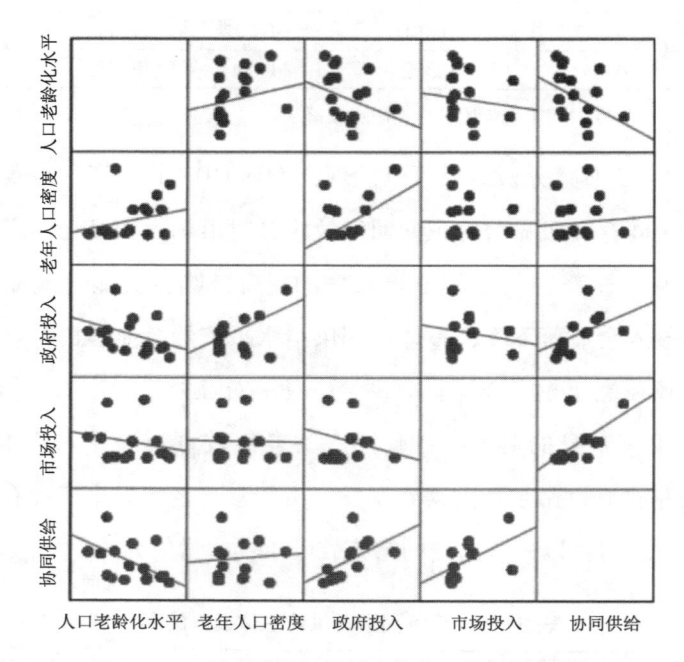

图 6-10 人口因素与供给主体投入的关系矩阵

表 6-16 人口因素与供给主体投入相关系数

	人口老龄化率	老年人口密度	政府投入	市场投入	协同供给
人口老龄化率	1	0.223***	−0.349***	−0.161***	−0.508***
老年人口密度	0.223***	1	0.544***	0.014	0.086***
政府投入	−0.349***	0.544***	1	−0.222***	0.484***
市场投入	−0.161***	−0.014	−0.222***	1	0.583***
协同供给	−0.508***	0.086***	0.484***	0.583***	1

注：*** 在 0.001 级别（双尾），相关性显著。

从表 6-17 回归分析结果可以发现，人口老龄化率的提升会抑制政府和市场的投入，老年人口密度的提升却会促进政府的投入。为探究其背后的原因，本研究进一步分析了人口因素对经济水平的影响。结果发现，人口老龄化率与人均 GDP 及人均 GDP 增长率之间存在显著的负向回归效应（见表 6-18），也就是在同等状态下，人口老龄化率提升会导致一定程度上经济发展水平的下降，但老年人口密度提升，通常伴随着经济发展水平的提升。这也就解释了为何人口老龄化率的提升反而会引起供给主体投入水平降低。

表 6-17 人口因素对供给主体投入的影响

	政府投入	市场投入	协同供给
人口老龄化率	−31.421*** (0.000)	−7.333*** (0.000)	−28.920*** (0.000)
老年人口密度	41.555*** (0.000)	1.039 (0.299)	10.923*** (0.000)
常数项	66.563*** (0.000)	38.318*** (0.000)	57.307*** (0.000)
样本数	2002	2002	2002

注：*** $p<0.001$，极显著回归效应。

表 6-18 人口因素对经济发展水平的影响

	人均 GDP	人均 GDP 增长率
人口老龄化率	−19.078*** (0.000)	−3.753*** (0.000)
老年人口密度	64.409*** (0.000)	4.843*** (0.000)
常数项	32.127*** (0.000)	158.120*** (0.000)
样本数	2002	2002

注：*** $p<0.001$，极显著回归效应。

（三）政府与市场的协同效应

图 6-11 表明，协同供给与老年教育资源供给有效性及各子维度之间均存在正向的线性关系，表 6-19 相关系数分析结果和表 6-20 回归分析结果表明，政府与市场的协同供给与老年教育资源供给充足性、供需耦

合性、空间均衡性以及整体供给有效性之间均存在 0.001 层面的极显著相关关系，且存在 0.001 层面的极显著的正向回归效应，研究假设 H7 成立。这说明协同供给是提高老年教育资源供给有效性的根本驱动力。

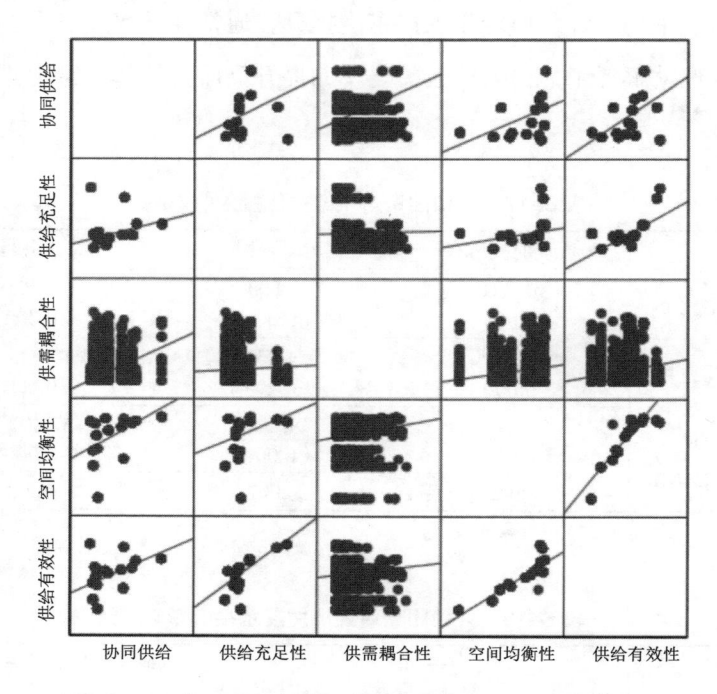

图 6-11 协同供给与资源供给有效性及各维度矩阵散点

表 6-19 协同供给与资源供给有效性及各维度相关系数

	协同供给	供给充足性	供需耦合性	空间均衡性	供给有效性
协同供给	1	0.377**	0.473**	0.523**	0.580**
供给充足性	0.377**	1	0.040	0.281**	0.662**
供需耦合性	0.473**	0.040	1	0.168**	0.151**
空间均衡性	0.523**	0.281**	0.168**	1	0.905**
供给有效性	0.580**	0.662**	0.151**	0.905**	1

注：*** 在 0.001 级别（双尾），相关性显著。

表 6-20　协同供给对资源供给有效性及各维度的影响

	协同供给	供需耦合性	空间均衡性	供给有效性
协同供给	18.231*** （0.000）	23.718*** （0.000）	24.468*** （0.000）	31.848*** （0.000）
常数项	78.318*** （0.000）	0.627 （0.530）	74.164*** （0.000）	100.406*** （0.000）
样本数	2002	2002	2002	2002

注：*** $p<0.001$，极显著回归效应。

四、老年教育资源有效供给影响因素模型生成

（一）假设验证结果

回归分析后发现，本书提出的关于老年教育资源有效供给根本驱动力的研究假设均成立。外部环境方面，人均 GDP、人均 GDP 增长率及老年人口密度对老年教育资源供给有效性具有显著的正向影响，人口老龄化率对老年教育资源供给有效性具有显著的负向影响，也就是说高经济发展水平与高人口密度会引发资源的积聚效应，而老年人口比重的提升会导致资源的过载从而引发资源供给水平下降。内部供给主体方面，政府投入、市场投入，以及政府和市场的协同投入均对老年教育资源供给有效性产生正向影响，研究假设验证结果如表 6-21 所示。对内部维度进行深入分析发现，尽管单纯的政府投入和市场投入在总体上促进了老年教育资源的有效供给，但单纯的政府投入不利于供需耦合性的实现，单纯的市场投入则不利于供给充足性的实现，因此协同力量不可或缺。

表 6-21　研究假设验证结果

编号	内容	验证结果
H1	人均 GDP 对老年教育资源供给有效性具有正向影响	成立
H2	人均 GDP 增长率对老年教育资源供给有效性具有正向影响	成立
H3	人口老龄化率对老年教育资源供给充足性具有负向影响	成立
H4	老年人口密度对老年教育资源供给有效性具有正向影响	成立

续表

编号	内容	验证结果
H5	政府投入对老年教育资源供给有效性具有正向影响	成立
H6	市场投入对老年教育资源供给有效性具有正向影响	成立
H7	政府与市场的协同供给力对老年教育资源供给有效性具有正向影响	成立

（二）影响因素模型的生成

根据前述验证，整理后影响因素路径如图6-12所示，其中经济因素和人口因素作为资源供给的外部环境条件一方面影响着供给主体的投入能力，另一方面也影响着老年教育资源供给的有效性。

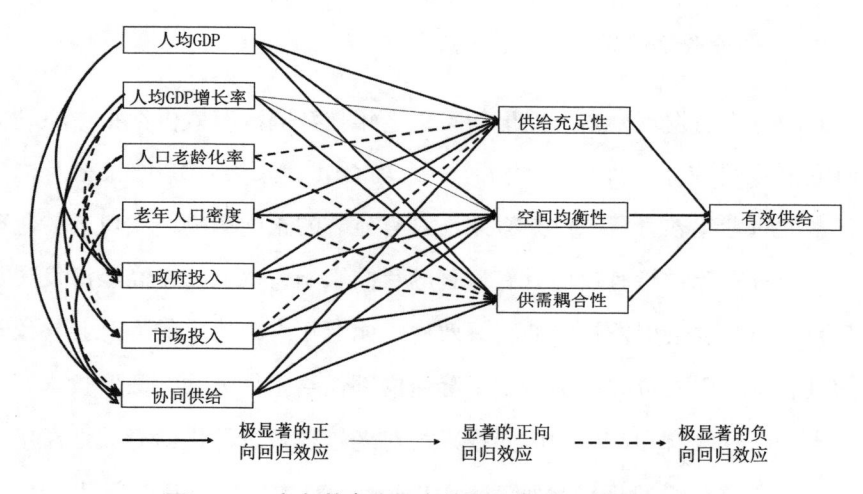

图6-12 老年教育资源有效供给影响因素作用关系

其中，经济方面，人均GDP作为衡量经济发展水平的关键因素，对投入主体的资源生产能力和投入水平具有显著的正向影响，也对老年教育资源供给充足性、供需耦合性、空间均衡性乃至整体供给有效性均具有直接正向的影响。人均GDP增长率对市场投入水平及整体协同供给水平具有直接正向的影响，对供需耦合性具有极显著的正向影响，对供给充足性和空间均衡性具有显著的正向影响，对整体供给有效性具有极显著的正向影响。这就说明，资源供给问题本身会受到经济发展水平的直接影响，当城市经济发展水平较高,政府财力充足时,各个主体的老年教育资源有效供给能力均会显著提升。当经济增速加快,人均 GDP 增长率提升,市场活力得以激发,市场力量参与老年教育资源有效供给的能力显著提升时,可以适当减小政府投入,鼓励市场力量参与老年教育资源有效供给,从而更好地增加老年教育资源有效供给的灵活性。人口方面,人口老龄化率的提升会导致经济发展水平下降,导致政府与市场投资能力下降,相应也会导致老年教育资源供给充足性与供需耦合性下降。而老年人口密度的提高会造成一定的资源集聚效应,政府投入力度加强,供给充足性与空间均衡性得以提升,但市场力量的缺乏会导致供需耦合性下降。

政府在老年教育中扮演主导性角色,对老年教育资源的投入会促进老年教育资源供给充足性及空间均衡性的提升,但若采取单一政府供给模式会导致供需耦合性下降,出现生产资源难以满足老年群体内生性学习需求的现象,这就需要市场力量的介入。市场力量会通过灵活的体制与多元化的资源类型促进老年资源供需耦合性提升,以及通过强化政府资源供给,实现空间均衡性的提升,但单纯的市场力量供给则会导致供给充足性大大降低。政府与市场的协同供给有助于老年教育资源供给有效性及各子维度的有效提升。因此,公私协作供给模式是保障老年教育资源有效供给的根本驱动力。

下 篇

老年教育资源有效供给路径剖析

> 仅思想力求成为现实是不够的，现实本身应当力求趋向思想。
>
> ——卡尔·海因里希·马克思（Karl Heinrich Marx）[①]

老年教育资源有效供给中的行动力量来自政府、市场及社会，由于老年教育本身的福利性质相对较强，市场力量在老年教育资源有效供给中的参与便需要政府一定程度上的激励与帮扶。随着时间的推移，经济发展水平的提升与老年群体学习观念的革新，将会推动多方力量参与老年教育资源有效供给。合理判断时代发展特征，依据老年人口规模特征设计教育资源供给结构及促进多元主体协同供给变得尤为重要。

本篇基于前述对老年教育资源有效供给水平、影响因素的分析与验证，并结合对未来老年人口规模与老年教育参与规模的预测，从资源供给结构与供给模式两个方面探讨提高老年教育资源有效供给水平的路径。其中，供给结构层面，建议依据老年人口的变化动态调整资源供给总量，依据老年人口的空间分布特征增强资源供给弱势地区的市场力量，并依据老年人口的年龄结构特征科学设计供给内容以更好适应老年人口的学习需求。供给模式层面，建议推动当前老年教育资源有效供给中的准多元供给向协同供给转变，合理地满足不同利益相关者的利益诉求，不断完善老年教育资源有效供给的制度保障，以更好实现老年教育资源有效供给。

---

① 马克思，恩格斯. 马克思恩格斯选集：第 1 卷 [M]. 北京：人民出版社，1995.

第七章　老年教育资源有效供给的未来出路

一、老年人口规模及老年教育参与规模预测

（一）老年人口规模预测

为分析未来老年人口的发展规律，本书采用回归分析方法对数据趋势进行分析，并依据数据拟合趋势计算回归模型，对数据发展趋势进行预测。对 S 市老年人口与时间序列绘制散点图发现，两者之间呈现一定的曲线关系，应用 SPSS 25.0 对两者进行曲线拟合分析发现，三次曲线几乎与时间序列分布数据完全拟合（见图 7-1）。

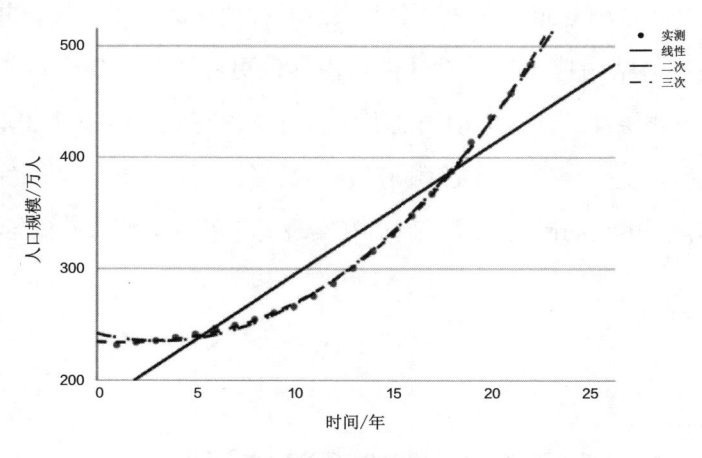

图 7-1　S 市老年人口规模增长趋势

三次曲线对老年人口规模与时间序列数据的拟合优度系数为 0.999，接近于 1（见表 7-1）。方差分析结果中，$F = 8206.658$，$p = 0.000$（见表 7-2），达到了极显著的水平，说明建立的三次回归方程具有统计学意义，老年人口规模与时间变化之间存在显著的回归效应。

表 7-1　老年人口规模与时间序列三次曲线拟合度检验

R	R^2	调整后 R^2	标准误
1.000	0.999	0.999	2.331

注：自变量为时间。

表 7-2　老年人口规模与时间序列三次曲线估计方差分析

	平方和	df	均方	F	p
回归	133774.529	3	44591.51	8206.658	0.000
残差	97.804	18	5.434		
总计	133872.333	21			

注：自变量为时间。

回归系数估计结果如表 7-3 所示，在一元三次曲线模型的回归系数中，二次与三次系数均达到了极显著的水平。依据三次曲线回归分析的结果，建立回归模型如下：

$$Y = 0.022 \times t^3 + 0.326 \times t^2 - 0.891 \times t + 234.76$$

表 7-3　老年人口规模与时间序列三次曲线回归系数估计及显著性检验

	未标准化系数 B	标准误	标准化系数 Beta	t	p
t	−0.891	0.877	−0.072	−1.016	0.323
t^2	0.326	0.088	0.628	3.723	0.002
t^3	0.011	0.003	0.444	4.281	0.000
常数项	234.76	2.381		98.579	0.000

计算出回归模型后，应用 SPSS 5.0 对老年人口规模与年份绘制散点图。根据图 7-2 可知，若 S 市老年人口保持现有增速，到 2030 年，60 岁及以上老年人口将达到 1062.89 万人，比 2018 年（483.60 万人）增加 579.29 万人。

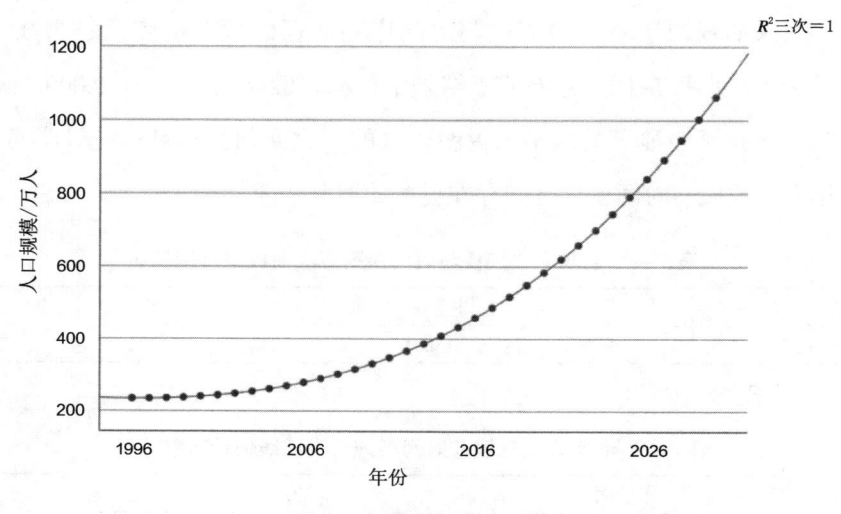

老龄时代的教育治理：老年教育资源如何有效供给？

图 7-2　S 市老年人口规模预测

（二）老年教育参与规模预测

为研究快速增长的老年人口给老年教育资源有效供给带来的挑战，应用 1996 年以来 S 市老年人口的规模数据与老年教育参与规模数据进行曲线回归分析，结果如图 7-3 所示。

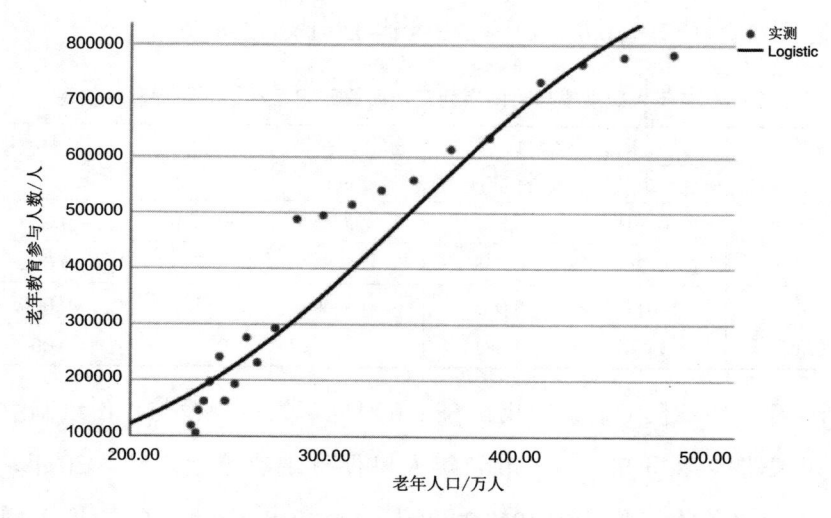

图 7-3　老年人口变化与老年教育参与规模拟合曲线

根据回归拟合结果发现，逻辑斯蒂（logistic）曲线与原始分析数据的拟合优度系数为 0.899（见表 7-4），接近于 1，拟合效果较好。回归模型中，$F = 177.107$，$p = 0.000$（见表 7-5），说明拟合结果具有统计意义，且方差结果呈现极显著水平。

表 7-4　老年人口数量与老年教育参与规模 logistic 拟合度检验

R	R^2	调整后 R^2	标准误
0.948	0.899	0.893	0.371

注：自变量为老年人口。

表 7-5　老年人口数量与老年教育参与规模 logistic 模型方差分析

	平方和	df	均方	F	p
回归	24.406	1	24.406	177.107	0.000
残差	2.756	20	0.138		
总计	27.163	21			

注：自变量为老年人口。

利用逻辑斯蒂曲线对老年人口规模与老年教育参与规模随时间变动的变化趋势进行回归系数分析发现，伴随时间序列变化，老年人口规模与老年教育参与规模之间存在 0.000 层面的显著性逻辑斯蒂回归效应（见表 7-6）。

表 7-6　老年人口规模与老年教育参与规模 logistic 模型回归系数估计

	未标准化系数		标准化系数	t	p
	B	标准误	Beta		
老年人口	0.987	0.001	0.388	985.265	0.000
常数项	0.000	0.000		3.064	0.006

依据逻辑斯蒂回归分析的结果建立回归模型，并进一步依据老年人口规模预测值预测老年教育参与规模，依据时间线绘制散点图，如图 7-4 所示。结果发现，老年教育参与规模会随时间的推移而继续增加，若老年人口规模按照预测值发展变化，依据当前老年人口规模与老年教育参与规模

的相互关系进行推算，到 2030 年，老年教育参与规模将达到 972762 人，相比 2017 年的 793356 人将会增加 179406 人。

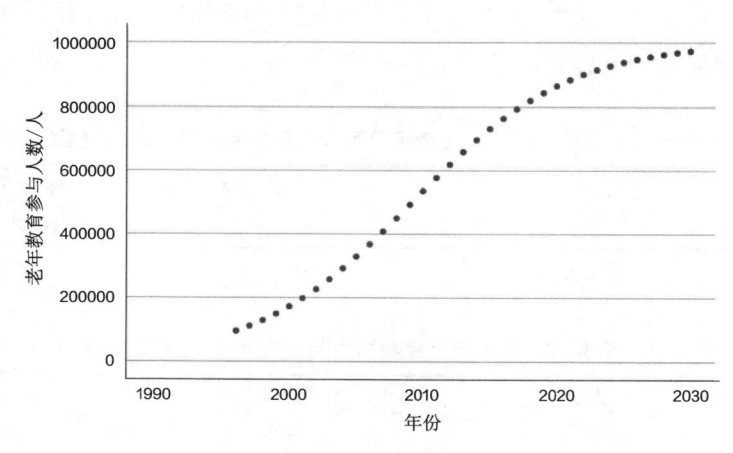

图 7-4　老年教育参与规模预测分析

二、适应人口发展规律的资源供给结构

（一）依据老年人口规模动态调整资源供给总量

依据老年教育参与规模预测数据，未来十年将会激增 17 万名老年学习者参与老年教育，且这一增长变化未将随时间发展老年人口参与教育的意愿度的提高纳入计算范畴，因此未来的老年教育参与规模增量可能会更大。在老年教育参与规模迅速扩张的背景下，若仍然维持现有资源供给量，将会导致"一座难求"的现象更加严重。因此，为更合理地评估老年教育资源供给总量，引入"班级服务压力"概念，即某一地区老年教育班级所需要服务的老年人口数量，用以反映老年教育资源对人口数量结构的满足程度。

图 7-5 展示了 1996—2017 年 S 市班级服务压力的发展趋势，可以看出，2005 年后，S 市老年教育班级数量迅速增加，班级服务压力由原来的

大于 1000 人/班下降到了少于 200 人/班，班级服务压力得到较大缓解。2010 年后，由于人口老龄化水平的快速发展，尽管老年教育班级数量呈指数型增长，但班级服务压力的下降幅度逐渐减小，到 2017 年，班级服务压力为 121 人/班。若维持这一班级服务压力水平，在未来老年人口规模快速扩大的背景下，到 2030 年，需要比 2017 年再增加 47875 个班级，这样才能满足老年人的学习需求。

图 7-5 S 市老年教育机构班级服务压力

因此，需要建立发展性的资源供给观，实时依据老年人口规模动态调整资源供给总量，提高老年教育资源有效供给总量的充足性。由此引发的便是资源供给主体权责分配问题，教育资源需求量日益增加会对供给主体造成压力，单一的政府供给与市场供给均难以适应快速增长的总量结构。政府需要进一步加大对公办老年教育机构、社会培训机构及非营利组织的资本投入，营造多方力量参与的局面，为老年教育资源有效供给提供持久稳健的动力机制。另外，也需要合理利用当前已有的资源结构，借鉴法国老年教育的办学模式，将高校、中小学寒暑假相对空闲的资源利用起来，为老年人提供教育。尤其需要强化高校在地方老年教育资源有效供给中的补充力量，高校可通过向社会开放的形式，为老年人提供更多教育资源的选择空间，满足老年群体多样化的学习需求，为老年人力资本的二次开发提供支撑。

（二）在资源供给的弱势地区补充市场力量

在对老年教育资源有效供给现状的分析中发现，当前S市老年教育资源的空间可达性相对较为理想，但存在一定的空间差异。老年教育资源呈现了由中心城区向外围城区逐渐递减的趋势。若要达到相对均衡的资源供给状态，需要在资源供给的弱势地区进一步增设老年教育机构。因此，要科学、客观地呈现当前S市老年教育机构的空间分布状态，合理地提供老年教育机构选址依据。近年来，随着GIS空间分析技术的进步，空间选址的相关理论不断涌现，GIS空间分析技术开始被用于城市规划、土地利用及学校选址等重要的空间决策上。

本书选择ArcGIS中的叠置分析方法针对当前S市公办老年教育机构与民办老年教育机构建立多环缓冲区，分别将覆盖范围设置为1000米和2000米。通过两组缓冲区数据图层的融合，发现S市中心城区公办老年教育机构与民办老年教育机构对居住区的覆盖范围相对较大，通常居住区步行2000米范围内布设有不同类型的老年教育机构。外围城区则存在老年教育机构布局相对稀疏的现象，诸多居住区周边2000米甚至更大范围内没有老年教育机构，对于部分非中心城区的老年人就近入学存在一定的挑战。对养老机构进行空间定位发现，S市养老机构的分布相对密集，多数居住区周边均布设有养老机构，多数养老机构已实现了养教结合，为居住在养老机构的老年人提供教育资源。随着老年教育的不断发展，各地养老机构开始为老年人开设讲座，为老年人提供养老与教育一体化的服务，帮助老年人培养健康的生活方式与积极的心态。因此，可以通过为养老机构提供教育拨款的方式，增设养教结合点，为养老机构的住养老年人提供更多的教育资源。

基于回归分析结论，市场在提升老年教育资源空间均衡性上起到了决定性作用，人均GDP增长率在促进市场投入上起到了决定性作用。因此，在现有总量规模下，可采取鼓励市场进入资源供给的弱势地区，强化当前老年教育资源有效供给，以更好地满足老年群体的教育需求。市场力量的参与需要激发竞争市场的资本活力，在 GDP 增速相对较低的地区，市场本身的活力偏低，可以通过资本支持的方式鼓励市场的参与；而在 GDP 增速较快、市场活力相对较强的地区，可以通过鼓励市场竞争的方式，激活市场力量，完善老年教育资源有效供给结构，实现老年教育资源的空间均衡。尽管本书考虑到老年群体的出行成本，将空间均衡问题纳入了老年教育资源有效供给有效性的考量范畴，但实际上老年教育资源供给本身不是一个有明确空间边界的行动架构。在资源供给过程中，应当利用现代信息技术，从资源供给的优势地区向弱势地区输送数字化教育资源，以解决弱势地区资源供给不足的问题。

（三）依据年龄结构科学设计供给内容

纵观世界范围内老年教育发展与演变历史，老年教育诞生于二战后西方国家经济大发展时期，退休年龄开始提前，老年教育资源有效供给的主要目的在于帮助退休老年人更好地适应生活，因此老年教育自发端起便决定了其福利性质，供给的内容主要集中于休闲娱乐类资源。这也造成了一个世界范围内的普遍现象，即老年教育参与的对象多为中产阶级的女性。事实上，老年教育的福利性质将众多潜在学习者排除在资源供给范围之外。这样的一种资源供给状态，根源于功能主义视角下的隐含假设，即老年人不需要新技能或新知识，或者他们将没有机会使用他们的新能力，这就是为什么与年轻员工相比，年长员工获得培训的机会与教育资源更少。然而，这一假设忽略了学习是人们适应现代化发展的必要条件。随着社会快速发展，人类受教育水平不断提高，高学历人群退休后对教育资源的诉求也开始逐渐增多。在这种情况下，纯粹福利性质的老年教育难以满足老年个体日益多元化的精神文化需求。同时，为了跟上时代步伐，人类不分年龄、种族、群体都需要持续不断学习。

尽管老年教育资源有效供给的对象是老年人,但是老年人并非完全同质性的群体。而且随着社会的发展,老年人的观念也发生了明显变化,正如第三章中调查分析发现的,处于第三年龄阶段的老年人多关注独立自主能力的保持与为进入第四年龄阶段做准备,而处于第四年龄阶段的老年人则更多关注健康与疾病的护理问题。对此,莫肯提出,老年教育资源有效供给应当遵循授权、能力发展、社会参与和社会融合四个原则。因此老年教育资源有效供给应当关注,第一,扩大参与,鼓励没有参与老年教育的群体积极参与。我国明确提出老年教育的参与率应达到20%,扩大参与的本质便是增设更多符合老年人学习需求的资源,促进传统休闲娱乐类教育向"教育+福祉"转化。第二,发挥高等教育、普通中小学教育及场馆教育资源的优势,通过与普通教育错位供给的方式,为老年人提供教育支持。第三,倡导生产性老龄化的发展理念,为有意愿参与工作的老年人提供知识与技能更新的机会,帮助其更好地适应技术进步与时代发展。第四,丰富退休前教育,帮助老年人更好地适应退休后生活,为退休后教育提供参与基础,同时为老年人生活质量的提升提供支持。第五,增加第四年龄的教育资源供给,面向参与照顾老年人的家庭、志愿者发出学习倡议,帮助其在支持处于第四年龄阶段的老年人学习中扮演促进角色。[①]

三、促进效益最大化的资源供给模式

(一)推动准多元向多元主体协同供给过渡

在对老年教育资源供给有效性影响因素的分析中发现,协同供给是促进老年教育资源供给有效性提升的根本驱动力。但由于老年教育本身的福利性质,以及外溢性相对较差、市场利润偏低的特点,当前市场力量在

---

① Mercken, C. Education in an Ageing Society[M]. Baarn: Odyssee, 2010.

老年教育资源有效供给中的参与度相对较低。本书分析发现，当前 S 市已经有市场力量介入老年教育资源有效供给，但其对整体老年教育资源有效供给量及空间布局结构的影响不大。这说明当前在老年教育资源有效供给领域中，已经形成了多元主体共同参与老年教育资源有效供给的形式与结构，但是本质上，依然未能打破政府主导生产的资源供给模式，只能被称为"准多元"的资源供给模式。学者在探究老年教育资源供给多元化问题时，借鉴福利多元主义的分析视角，倡导老年教育作为一项福利事业理应实现从福利主义向福利多元主义的转变。福利多元主义背后的根源问题在于通过分权、参与、独立于竞争的模式鼓励多元主体共同参与治理。在老年教育资源有效供给过程中，核心行动者包含政府、市场、非营利组织及家庭，其根本目的在于通过教育满足民众的学习需求，促进民众权利的实现，完成政府与国家的责任（见图 7-6）。

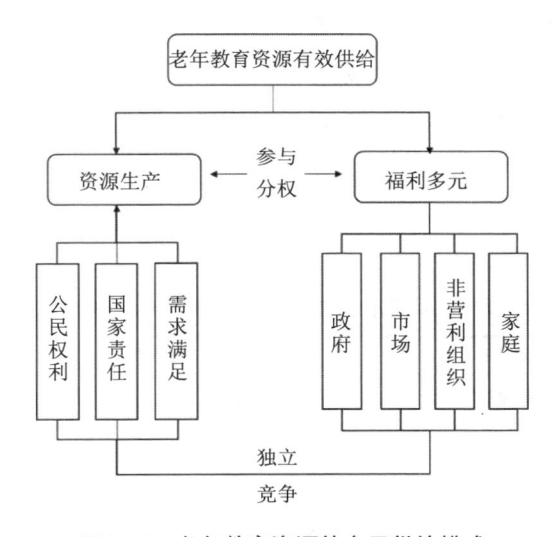

图 7-6　老年教育资源的多元供给模式

作为一种应对人口老龄化的社会变革机制，老年教育已经超出了老年教育机构本身的界限，通过不同类型机构的教育资源传播提高老年群体的健康水平，实现老年人的独立与社会参与，老年教育被视为城市及社区生活的一部分。因此，老年教育资源有效供给本身应当是一个多主体动态协同的过程，需要资源供给中的行动者建立起多层次的协同网络，以实现更加充足、均衡及符合老年群体学习需求的资源供给状态。有效的老年教育资源供给行动需要发挥政府在资源供给中的核心作用，制定合理的行动者参与规范，通过多主体伙伴关系与共同愿景的建立，利用社会关系与制度优势形成老年教育资源有效供给的聚合链，满足老年群体的多元学习需求。

（二）平衡多元利益主体的诉求与冲突

如表7-7所示，老年教育资源有效供给中，不同行动者因自身角色的不同而扮演着不同的角色。其中政府主要通过资金投入的方式，为老年人提供低价甚至免费的教育资源，基本原则是实现政府对公民权利的保障。市场主要通过提供多样灵活的课程为老年人提供有偿的教育资源，基本原则是获取利润，存在一定的市场竞争。非营利组织则基于社会责任，为老年群体提供免费、低价的教育资源，基本原则是公平与自愿。家庭在老年教育资源有效供给中则承担了一定责任，为老年群体的学习提供了内在支持。

表7-7 不同行动者供给的资源及特征[1]

行动者	政府	市场	非营利组织	家庭
供给内容	低价/免费、便捷的教育资源	有偿、便捷的教育资源	学习支持、免费资源	家庭支持、代际学习
供给方式	资金投入	课程投入	活动支持	非正式学习支持
供给原则	公共责任	竞争	社会责任	家庭责任
供给标准	公平、普惠	效率、利润	公平、自愿	自主、自助
接受者角色	全体老年人	消费者	全体老年人	家庭成员

奥尔森在《权力与繁荣》中指出政府和市场之间的关系决定了繁荣程

---

[1] 彭华民,宋祥秀.嵌入社会框架的社会福利模式:理论与政策反思[J].社会,2006（6）:138-153,211.

第七章　老年教育资源有效供给的未来出路

度，资源供给的成果模式是在混合经济条件下形成的。市场和政府之间是伙伴关系，没有市场，政府就兑现不了为老年群体创造便捷学习环境的承诺，没有政府，市场就无法运转。欧盟最初倡导终身教育的时候强调终身教育的发展需要各方利益相关者的协同参与，老年教育也同样如此，老年教育资源需要政府和市场协同供给。合理的资源供给结构需要多方力量的协同，但在现实中，不同利益主体因各自的利益诉求不同而产生一定的冲突，这就需要合理调研不同行动者在资源供给过程中的利益诉求，以合理的行动规范串联多元行动者。

不同资源生产者的生产能力与供给能力取决于城市的经济发展水平与老年人口结构，高经济发展水平往往带来高需求，也为老年教育资源有效供给提供了更多动力。本书在进行影响老年教育资源有效供给的因素分析时发现，城市的环境因素对资源供给主体的参与水平具有重要的影响。其中 GDP 的快速发展有利于激发市场活力，因此在 GDP 增速较快的情况下，政府应当通过减政放权的方式，将资源供给的主动权交给市场，通过鼓励竞争的方式激发市场活力。同时，依照不同行动者的供给特征，实现合理的资源供给分权，创造政府、市场、非营利组织、家庭协作供给的行动四边形结构，鼓励多元主体的主动参与。面对高速发展的人口老龄化与越来越大的教育资源缺口，政府需要在规划、协调和资助老年教育方面发挥更明确的作用，通过协调市场、家庭和非营利组织在资源供给中的角色，在整合资源的过程中实现协同供给；协调促进不同组织之间的合作、互动或交流，在社会公平正义与增进凝聚力的价值观中重申终身教育的重要性。只有这样，老年教育才有可能作为后工业社会的资源实现快速、有效供给。与此同时，市场、非营利组织对老年教育资源的有效供给必须打破常规，通过多样化的资源供给形式吸引老年人参与教育与学习活动，为老年人提供正式、非正式的学习环境与条件。

（三）完善老年教育资源有效供给制度保障体系

市场供给老年教育资源的好处是毋庸置疑的，根据本书的分析，市场力量的介入可以显著提升老年教育资源供需耦合性，通过灵活性的资源供给更好地满足老年群体多样化的学习需求。S市作为全国老年教育参与程度最高的地区之一，在资源供给的过程中依然存在市场参与较少的现象，在全国其他省份更是存在老年教育资源有效供给渠道单一、供给总量不足及供需不匹配的现象。美国老年教育之所以随着时间的推移经久不衰，是因为美国从老年教育诞生之时，便通过立法明确了政府供给老年教育资源的责任与义务，明确提出受教育是每一个老年人的合法权益。随着市场力量的逐步介入，美国同样通过立法的方式，将资源供给的权力下放，给予地方政府和地方机构一定的自由度和灵活性。我国也在众多制度性规划文件中明确提出老年教育资源有效供给中政府的责任、义务以及对社会力量参与老年教育的要求，但尚未在法律层面明确相关责任机制。因此，为促进多元主体的协同供给，可以进一步完善老年教育资源有效供给的立法工作，为多方行动者提供利益保障。在资源供给过程中，应当通过定时、定期对供给水平进行监测的方式，实时反映老年教育资源有效供给的状态，建立合理的监督机制，及时发现问题、解决问题，以促进老年教育资源有效供给水平的持续提升。

资源供给中的多元主体协同机制同样需要建立合理的伙伴关系质量监督机制，维斯（Weiss）在研究多元主体协同机制时提出，协同机制中最重要的六个要素为领导机制、行政管理机制、协作效率、社区协调机制、协同持续时间及非财务资源的供给。[1] 其中领导机制是影响多元主体协同机制的最重要维度，合理的领导机制有助于实现利益的共享，促进参与主体

---

[1] Weiss E S, Anderson R M, Lasker R D. Making the most of collaboration: Exploring the relationship between partnership synergy and partnership functioning[J]. Health Education & Behavior，2002，29（6）：683-698.

之间公开对话，实现有效的互动。因此，为保障多元主体协同关系的顺利建立，应建立协同领导力、权利分配、利益共享及协同效率等方面的质量监督机制，促进老年教育资源有效供给过程中不同行动主体之间的协作。

第八章　反思与展望

一、主要研究结论

（一）老年教育资源有效供给概念体系

在分析了老年教育资源有效供给的基本价值导向、历史实践特征、根本驱动力及概念特征模型后，本书从老年教育资源有效供给水平的测量、影响因素的验证及可行性路径的提出三个角度绘制老年教育资源有效供给的分析模型（见图8-1）。

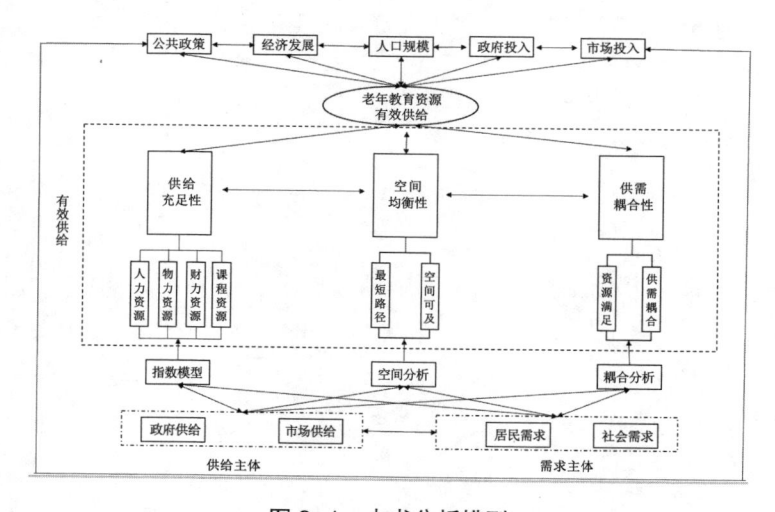

图8-1　本书分析模型

第八章 反思与展望

1. 老年教育资源有效供给的目的论反思

本书在老年教育批判哲学的基础上，对老年教育资源有效供给的目的论进行了反思，从个体需求与社会需求层面探讨了老年教育资源有效供给的根本目标。其中个体需求层面，将老年群体的个体需求界定为独立、健康、社会参与和自我实现；社会需求层面则关注通过教育减轻社会赡养负担，提升经济发展水平。在对老年教育实践的解析中，探寻老年教育资源有效供给的核心行动者、历史发展脉络及供给结构特征，并结合传统经济学的分析视角与老年教育资源有效供给的结构特征，在原有经济学关注的人力资源、财力资源、物力资源的基础上，进一步增加了对课程资源与制度资源等软性资源的剖析，以更好地对老年教育资源有效供给系统进行结构解析。

2. 老年教育资源有效供给的概念解构

在考察老年教育资源供给有效性问题时，本书首先分析了老年教育资源的供给充足性问题。传统经济学视角下对老年教育资源供给总量的考察往往遵循帕累托最优效应，但帕累托最优效应一方面过于强调资源投入的经济效益，另一方面作为一个固定节点，无法发展性地衡量老年教育资源有效供给的水平。因此本书采用人均指标的方式进行测算，可以动态依据人口发展规模测算老年教育资源的供给充足性。同时由于采集的数据之间存在单位差异，为增加采集数据的可比性，先对指标进行指数化处理再进行分析。仅研究老年教育资源的供给充足性不足以说明老年教育资源供给是否有效，笔者进一步结合空间分析哲学探究老年教育资源在不同地域的空间分布，以老年人口密度为依据，分析老年教育资源供给的空间均衡性。同时，结合物理学视角的耦合分析方法，对老年教育资源的有效供给水平与个体需求、社会需求水平进行耦合分析，探寻老年教育资源有效供给对需求的响应程度。由此，通过供给充足性、空间均衡性及供需耦合性分析与测量老年教育资源供给有效性。

3. 老年教育资源有效供给状态的提出

老年教育资源供给系统包含两个维度：一是集合状态下的资源（人力资源、物力资源、财力资源、课程资源）供给总量问题，二是分属空间状态下的资源分布对人口结构的适应性问题。老年教育需求系统同样包含两个维度：一是社会层面人口老龄化与城市经济社会发展对老年教育资源的需求，二是个体层面对老年教育资源的诉求。对供给系统与需求系统进行分析后，还需要对另一个问题——供给系统与需求系统的适配性问题进行探讨，只有满足需求的供给才是真正有效率的供给。基于对老年教育资源有效供给逻辑的溯源，本书认为老年教育资源有效供给不同于传统经济学视野下的商品供给，其提供的资源是知识与文化的生产，学习者接受的资源也是知识与文化的内化。老年教育资源有效供给问题本身并非单纯的资源提供与接受问题，背后蕴含的更多是对社会问题的解决、老年群体权利的彰显及教育资源分布的公平正义问题。因此本书对传统教育资源供给概念中人力资源、物力资源、财力资源、课程资源进行测评的基础上，增加了需求相应的供需耦合分析视角与空间分布的公平正义视角，将老年教育资源有效供给问题置于一定的经济、社会发展环境之下，提出老年教育资源有效供给应该是为了满足社会应对人口老龄化的发展诉求，满足个体健康、独立、幸福、社会参与、自我实现相关的学习需求，在空间与总量上达到充足、公平、适切的资源供给状态。

（二）老年教育资源有效供给中的现实问题

在老年教育资源有效供给理论模型建构的基础上，本书依据供给充足性、空间均衡性、供需耦合性测算了老年教育资源有效供给指数。其中采取人均教育资源占有量来分析老年教育资源的供给充足性，空间均衡性则是利用老年教育机构的空间可达性与老年人口密度进行加权计算；供需耦合性采用供给总量与需求总量之间的耦合系数计算，以此来保证教育资源有效供给指数的科学性与可用性。研究发现当前老年教育资源有效供给中存在以下问题。

1. 供给总量与老年人口发展规模失配

在分析供给充足性时发现，尽管当前S市各区已经拥有一定数量的公办老年教育机构、社会培训机构及养教结合点等教育资源供给机构，但是相对当前的老年人口规模而言，人均老年教育资源占有量仍然偏低。根据对未来老年人口教育参与规模的预测，以及当前老年人口规模与老年教育参与规模的相互关系推算，到2030年，老年教育参与规模将达到972762人，相比2017年，将会增加179406人。若保持当前资源供给状态，到2030年，老年教育资源有效供给将存在较大的缺口，造成资源供给紧张问题。区域差异分析发现，当前老年教育资源有效供给呈现出由中心城区向外围城区逐渐递减的状况，这根源于区级政府及街道在老年教育资源投入上的能力差异。当前民办老年教育资源有效供给量相对较低，尽管民办老年教育在一定程度上补充了老年教育，但是在弥合地区差异方面的作用依然相对较小。

2. 空间资源占有量分配不均

分析老年教育资源空间可达性时发现，当前案例地区整体空间可达性较为理想，在一定的空间范围内，均布设了公办老年教育机构与民办老年教育机构，便于老年学习者参与学习。但是在对居民点到老年教育机构的平均最短距离进行分析时发现，符合15分钟公共文化服务圈概念及出行便捷性概念的区域相对较少，只有A区在公办老年教育机构平均空间分布上满足1000米以内拥有一所公办老年教育机构的标准。对于老年人而言，出行学习的成本过大，不利于教育参与。整体而言，无论是供给总量还是老年教育机构的空间分布均存在一定的差异性，空间资源占有量分配不均。

3. 学习需求响应力相对较弱

分析教育资源需求水平时发现，当前案例地区的社会需求因地区人口、经济、社会发展水平不同而存在一定的差异，个体需求的满足状态表现为由中心城区向外围城区递减。对供给水平与需求水平进行耦合分析发现，当前案例地区老年教育资源供需耦合水平并不理想，按照四分法，多数区老年教育资源供需耦合性较差，这说明当前老年教育资源的供给总量难以满足个体与社会发展需求。

4. 有效供给水平不够高

测算老年教育资源供给有效性时发现，老年教育资源供给有效性呈现出一定程度的空间差异，老年教育资源供给有效性整体达到了 0.414，有效性为中等，在空间分布上有效性呈现出由中心城区向外围城区逐渐递减的趋势。总体而言，个体资源占有量不足，老年教育资源供给有效性仍需进一步提升。

（三）影响老年教育资源有效供给的因素

本书对美国、法国、英国、中国四个国家进行案例比较时发现，老年教育资源有效供给主要受到外部环境驱动力（老年人口规模与经济发展水平）与内部主体驱动力（政府和市场的投入结构）的影响。为验证案例比较中提出的研究假设，本书应用回归分析法测算了内外驱动力对不同维度的供给有效性的影响。

1. 外部环境

外部环境驱动力方面，人均 GDP 及人均 GDP 增长率对老年教育资源的供给充足性、空间均衡性、供需耦合性及供给有效性均具有显著的正向影响效应。人口老龄化率的提升会导致供给充足性和供需耦合性的下降，致使整体供给有效性降低；老年人口密度的提升会导致供给充足性与空间均衡性的提升，但是会导致供需耦合性的下降。整体而言，老年人口密度的提升会引发资源积聚效应，促进供给有效性的提升。

2. 内部主体

内部主体驱动力方面，政府投入会促进供给充足性和空间均衡性的提升，抑制供需耦合性的提升，整体上对提高有效供给水平起到正向促进作用。市场投入会促进供需耦合性与空间均衡性的提升，抑制供给充足性的提升，同样对有效供给水平起到正向促进作用。而政府与市场的协同供给对老年教育资源供给有效性及各子维度均具有极显著的正向回归效应，说明单纯的政府供给和市场供给都无法真正实现老年教育资源有效供给，因此应鼓励多元主体协同供给。

（四）促进老年教育资源有效供给的策略

1. 动态调整老年教育资源供给总量

在老年人口规模快速扩大的背景下，保障老年群体公平享受老年教育资源的路径在于科学平衡老年教育班级服务压力。本书通过对老年人口规模、老年教育参与规模进行预测发现，到2030年，仍需增加4万余个老年教育班级才能够维持现有的班级服务压力。因此，老年教育资源有效供给需要秉承可持续发展理念，科学合理地依据老年人口规模，实时调整老年教育资源有效供给规模，以维持老年教育资源的供给充足性，保障老年群体的教育与学习需求。

2. 合理规划老年教育资源空间结构

老年人口密度决定了地区老年教育资源的需求水平及资源的集聚能力，老年人口密度较高的地区，资源需求量相对较大，需求结构也更加多元化。老年教育资源有效供给影响因素分析结果表明，市场投入有助于提高老年教育资源的供需耦合性，促进老年人口密度较高的地区缓解资源需求压力。因此，在布局老年教育资源时，一方面需要考虑不同地区老年人口密度对资源密度的影响，另一方面需要依据老年人口密集决定市场的介入程度，在人口密度高的地区补充市场力量，以提升老年教育资源的供需耦合性。

3. 科学设计老年教育资源有效供给内容

随着时代的发展与教育水平的不断提升，新一代的老年群体相比传统老年人拥有更高的学历与更多的自由支配财务的空间。工作、生活、休闲娱乐一体化的新型混合生命周期挑战了传统生命周期的概念，老年阶段不再只有休闲娱乐这一单一诉求，且调查发现老年人口因年龄不同，对教育资源的需求也存在较大差异。因此在老年教育资源有效供给时，应当依据新时代老年群体的特征，科学合理地设计老年教育资源有效供给内容，帮助老年群体更好地适应生活，通过老年教育资源的有效供给帮助老年群体获得更多幸福感。

4. 鼓励多元主体参与老年教育资源有效供给

研究发现，协同供给是促进老年教育资源有效供给的原动力，多方力量协同有助于更好地满足老年群体的教育诉求。本书基于福利多元主义提出政府、市场、非营利组织、家庭四角平衡的多元供给模式，倡导通过参与、分权、独立、竞争的方式，协调不同供给者在老年教育资源有效供给实践中的角色。

二、研究的创新与不足

（一）研究的主要创新

1. 应用动态观测指标增加指数应用的发展性与可迁移性

由于我国人口老龄化水平不断提升，老年人口的持续增长会导致资源供给量越来越大，在解析老年教育资源有效供给问题时，单纯的整体资源投入水平无法反映老年教育资源有效供给水平，需要考虑老年人口基数，对人均资源拥有量进行测算。因此，本书将老年教育资源有效供给放置在一定的时空背景下，基于可持续发展理念，以人均资源占有量为依据，测量公办老年教育与民办老年教育中人力、物力、财力、课程等资源的供给充足性，有助于基于不同城市发展状态动态地看待老年教育资源供给有效性。

2. 增加空间布局有效性的测评指标，回应对教育公平理念的倡议

本书引入空间分析视角，将时间、空间的契合状态作为观察老年教育资源有效供给问题的第三视角，筛选地理空间分析领域中的GIS空间分析技术，应用空间可达性概念测量老年教育机构的空间便捷性问题，并基于人口密度的空间分布对资源布局进行加权测算，有效补充了传统供给状态的扁平化分析视角。本书尝试通过老年教育资源在不同区的均衡性考察老年教育资源供给的空间有效性，回应"公平的优质教育"理念，促进老年教育公平。

3. 在传统人财物测评的基础上增加了资源供给评价的需求耦合向度

传统资源有效供给问题多关注资源供给过程中的帕累托最优效应，探讨如何使投入的资源实现最大化的效益产出，强调资源供给的效率性。但老年教育资源有效供给本身具有较强的社会效益，单纯追逐经济效益会在一定程度上违背老年教育的初衷。因此，本书通过对老年教育资源有效供给中目的论与价值观的追溯与反思，从个体需求与社会需求角度解构了老年教育资源有效供给所要满足的需求特征，并应用物理学领域的耦合概念，开发了老年教育资源供需耦合系数，尝试通过供给系统与需求系统之间的契合状态，反映资源供给对其根本目的的实现程度。

4. 构建老年教育有效供给指数，为相关监测工作提供考评依据

本书依据对相关理论基础与实践进展的解析，从供给充足性、空间均衡性与供需耦合性三个角度解构了老年教育资源有效供给的概念框架，并建构了相应的测评框架。应用主成分分析法对测评框架中不同要素的权重进行判断，增加了生成指数的科学性，有效避免了人为赋权的主观性。通

过对老年教育资源有效供给指数的建构，为相关实践中的资源供给状态提供了监测依据，也为不同地区依据老年人口的数量与空间分布合理地分配老年教育资源提供了参照依据。

5. 验证了协同供给在提升老年教育资源供给有效性中的直接正向效应

本书在回归分析中发现，单纯的政府投入会导致供需耦合性下降，单纯的市场投入会导致供给充足性下降。而对政府投入与市场投入进行交互分析后发现，政府与市场协同供给对于提升老年教育资源供给有效性及各子维度水平均具有显著的正向促进效应。通过数理统计的手段，验证了协同供给对资源供给的促进效应，在政府主导老年教育资源有效供给的格局下鼓励市场的参与可提升老年教育资源供给的有效性。

6. 应用空间叠置分析技术为老年教育机构的选址提供科学依据

为有针对性地提出促进老年教育资源供给有效性提升的建议，本书应用 GIS 空间分析中的空间叠置分析技术，测量了当前 S 市老年教育资源有效供给中不同类型教育机构对居住区的覆盖范围。结合老年人口密度与居住区的空间定位，在现有资源布局的基础上，对老年教育机构的科学选址提出建议。同时结合驱动要素的分析结果，倡导在相关选址点增大市场的参与力度，从而更好地利用社会资源，促进老年教育资源有效供给水平的提升。

（二）研究的不足

1. 非营利组织尚未纳入测量范围

研究发现，当前非营利组织已经在老年教育资源有效供给中扮演了一定的角色，但是由于缺乏官方统计数据，难以对当前老年教育资源有效供给中非营利组织的投入量进行测算。因此本书在进行有效性实证分析时，没有将非营利组织的相关指标纳入统计范围。但今后，随着统计数据的日趋完善，应进一步补充非营利组织在老年教育资源有效供给方面的数据，以更加全面反映供给状态。

2. 样本量不够大

本书在调查老年群体的学习需求时采用随机抽样的方式，依据案例地区基本人口特征进行一定数量的抽样，总样本量在 2000 人左右。但是由于个人抽样能力有限，无法进行更大范围的调查抽样。在今后的调查中，可进一步增加调查样本量，以更好地反映总体样本的真实水平。

三、未来研究展望

（一）进一步验证测评工具的生态效度

本书依据老年教育资源有效供给的理论框架，从供给充足性、空间均衡性和供需耦合性三个维度开发了老年教育资源有效供给指数的计算指标。所有的数据结果均取自 S 市的调查数据与统计数据，在未来的研究中，可以将有效供给指数进一步拓展应用到全国其他研究区域，以进一步观测测评工具的生态效度。

（二）探寻多元主体参与供给背后的动力机制

本书主要致力于探索资源供给的内涵、特征、水平及影响因素，在整体分析后发现，供给主体在老年教育资源有效供给中扮演着重要角色，政府的主导性与市场的参与性均在一定程度上影响着老年教育资源的有效供给。因此，在未来的研究中，可以进一步探寻政府、市场、非营利组织和家庭参与老年教育资源有效供给的动力机制问题，以更好地激发多元主体参与老年教育资源有效供给的热情，以增加老年教育资源的供给量，更好地满足老年群体的学习需求。